LAS MUJERES DE ANTEQUERA A FINALES DE LA EDAD MEDIA

ExLibric

JOSÉ JUAN COBOS RODRÍGUEZ

LAS MUJERES DE ANTEQUERA A FINALES DE LA EDAD MEDIA

EXLIBRIC
ANTEQUERA 2025

LAS MUJERES DE ANTEQUERA A FINALES DE LA EDAD MEDIA
© José Juan Cobos Rodríguez
Diseño de portada: Dpto. de Diseño Gráfico Exlibric

Iª edición

© ExLibric, 2025.

Editado por: ExLibric
c/ Cueva de Viera, 2, Local 3
Centro Negocios CADI
29200 Antequera (Málaga)
Teléfono: 952 70 60 04
Fax: 952 84 55 03
Correo electrónico: exlibric@exlibric.com
Internet: www.exlibric.com

ISBN: 979-13-87707-35-4
Depósito Legal: MA 540-2025

Impresión: PODiPrint
Impreso en Andalucía – España

Nota de la editorial: ExLibric pertenece a Innovación y Cualificación S. L.

JOSÉ JUAN COBOS RODRÍGUEZ

LAS MUJERES DE ANTEQUERA
A FINALES DE LA EDAD MEDIA

UNA HISTORIA SILENCIADA
(DE CUANDO LAS SOMBRAS HABLAN)

Y todas estas vidas infinitamente
oscuras todavía están por contar…

Una habitación propia
Virginia Woolf (1929)

A las mujeres de mi familia,
a las mujeres de mi vida,
de la A a la Z,
porque no sé qué letras
del abecedario escoger,
pero siempre en mayúscula.

Prólogo

Es una satisfacción profesional y personal para mí tener la ocasión de hacer el prólogo de este libro de José Juan Cobos dedicado al estudio de las mujeres de la Antequera bajomedieval. Varias razones me llevan a ello: mi contacto regular con el autor, al haber sido mi doctorando en el pasado y haberme hecho participar de los resultados de sus investigaciones; y el ser un tema del reino de Granada, en el que en cierta forma confluyen también mis intereses científicos. Así pues, en primer lugar, conozco al autor desde hace tiempo, de cuando hacía el Doctorado y su TFM sobre *La visión del otro en la historiografía: aproximación a los autores locales, Antequera (Málaga) como ejemplo*, publicada en 2005. Para entonces había mostrado un gran interés por la Historia Medieval, especialmente tardomedieval, a raíz del contacto con los archivos de su ciudad, Antequera. Me llamó la atención su autonomía a la hora de elaborar un trabajo de investigación, actitud que ha mantenido a lo largo de su trayectoria científica. Igualmente atrajo mi interés su constancia en los diferentes empeños que se ha propuesto en este y otros aspectos de su vida. Debo decir que estas primeras impresiones sobre él como alumno ya de posgrado no han hecho más que confirmarse a lo largo del tiempo, lo cual me agrada muchísimo.

Ya antes, pero sobre todo a partir de su tesis doctoral, que realizó bajo mi dirección, se ha marcado una línea de propósitos que ha ido consiguiendo silenciosamente con éxito. Su tesis, *De la Antaqira nazarí a la Antequera castellana a finales de la Edad*

Media, que se enmarca dentro de una tendencia historiográfica propia de los estudios sobre el reino de Granada, nos ha permitido conocer a fondo esta ciudad y su entorno en tiempos de la conquista castellana. En gran medida esta investigación ha sido el origen de otros trabajos suyos en los que ha ido tratando en profundidad diversos temas como el urbanismo, el paisaje rural, los sistemas hidráulicos, la Iglesia y otros, siempre vinculados a esta comarca. Ahora nos complace con este libro que aborda el tema de las mujeres en Antequera en época bajomedieval a partir de diversas fuentes documentales y, especialmente, del Archivo Municipal de Antequera.

Tiene como precedentes destacados las obras de Cristina Segura Graíño y de Mª Teresa López Beltrán sobre las mujeres en el reino de Granada tras la conquista castellana, pero de nuevo el autor ha sabido encontrar su propio camino, como se ve en cada uno de los epígrafes y en la documentación aportada. El estudio de las mujeres castellanas que repueblan Antequera se lleva a cabo desde una perspectiva compleja, que es a la vez política, socioeconómica, de parentesco y de género. Podemos apreciar las decisiones del poder sobre su establecimiento, su actividad económica, importancia social, organización familiar, así como su situación respecto a la estructura masculina de la sociedad. Todo ello nos permite conocer mejor esta etapa de nuestra historia de manos de las mujeres que aquí se asentaron.

Este estudio supone, por una parte, un avance en la investigación tardomedieval y del reino de Granada en particular, por lo que implica la aportación de datos inéditos y el análisis socioeconómico de una ciudad de frontera, como es Antequera: los diferentes estatus de los repobladores, las actividades económicas, etc. Todo ello poniendo el foco en las mujeres que vienen a estas tierras: su situación en el conjunto de las directrices de la repoblación, nivel económico, emprendimiento, integración social, relaciones familiares, autonomía o dependencia de sus cónyuges, viudedad, etc. Pero a la vez el libro tiene también un sesgo de género, en cuanto se replantea estas cuestiones atendiendo a las diferencias sociales, culturales e ideológicas de ser hombre o ser mujer en la Edad Media tardía, lo que lo hace más interesante y conecta con las inquietudes de la sociedad actual. Por todo ello creo que esta obra merece tenerse en cuenta tanto dentro del ámbito especializado de la Edad Media y casi Moderna como de la investigación sobre el reino de Granada, así como de la Historia social y de las mujeres.

Granada, a 31 de marzo de 2025
Carmen Trillo San José
Catedrática de Historia Medieval
Universidad de Granada

1

Introducción

Cuando se emprende un trabajo de investigación como este, como en otras ocasiones, existe un aliciente que no se agota, que tiene que ver con poder seguir acercándose a la realidad de un pasado cuyo conocimiento falta por completar para no dejar de aprender de él. Es lo que ocurre con el estudio de las mujeres del periodo medieval, sean cristianas o musulmanas, a pesar de que alguna vez se haya señalado la falta de interés mostrada por cierta historia tradicional, sobre todo cuando se trata de investigar aspectos más concretos[1].

Como se verá, desde la década de 1980 del pasado siglo se ha tratado de «buscar mujeres» en la historia de España, de añadir su presencia a los estudios históricos, lo cual aún hoy, ya en pleno siglo XXI, sigue siendo necesario por medio de una especie de arqueología documental, como lo es la propia búsqueda en el pasado, en este caso centrando el estudio en un tiempo y un espacio muy determinados.

La intención de este trabajo, por tanto, ha sido poder acercarse de una manera científica a una época remota, que se hace cada vez menos desconocida gracias a la aproximación que se realiza desde

---

[1] De ello se hacía eco Martínez Martínez, 1998-2000, p. 82; más recientemente se insiste en esa misma idea de desinterés: Derrar, Bensahnoun, 2018, p. 56.

una perspectiva local a una realidad concreta en torno al papel que tuvieron entonces las mujeres, intentando paliar la parcialidad con la que en ocasiones se suele reconstruir la historia. Era un cometido que estaba por hacer, que hasta ahora no se había podido realizar. Por ello, se planteó una metodología consistente, en primer lugar, en retomar toda la documentación que ya se había utilizado para el conocimiento del periodo final de la Edad Media y centrar el trabajo en las mujeres como auténtico sujeto social de aquel momento histórico. Solo de este modo ha sido posible ir añadiendo nuevos análisis para, así, conocer aquellas aristas del pasado que correspondían con las mujeres, y poder desvelar mejor todo un poliedro, reflejo de una determinada realidad que suele permanecer desapercibida a simple vista.

El tema desarrollado se enmarca en el estudio del periodo bajomedieval basado en fuentes documentales y supone uno de los aspectos a tratar siempre que se quiera ahondar en el conocimiento de una determinada sociedad, como es el que representa a las mujeres como parte integrante de la misma. Como temática inédita, nunca antes había sido tratada a nivel local, ni de forma general ni parcialmente, lo cual consideré necesario emprender como un capítulo más que desarrollar para completar el análisis sobre la sociedad de finales de la Edad Media de la localidad malagueña de Antequera.

El objetivo principal, inicialmente, se centró en el interés por descubrir el papel que las mujeres tuvieron en el proceso de repoblación de Antequera, de volver a poblar la ciudad y su territorio después de que esta fuera conquistada por Castilla en 1410 y de que su población islámica fuese expulsada, ya que en las primeras lecturas de la documentación analizada se vislumbraba que ellas aparecían también como partícipes de tal proceso a lo largo de todo el siglo XV. El conocimiento adquirido sobre este lugar y sobre los fondos del archivo municipal me movió a querer introducirme en un tema que, aunque recurrente en los estudios medievales actuales, y desde hace décadas, se muestra al mismo tiempo como necesario para no quedar obviado dentro de lo que es la historia de esta localidad.

En los estudios de licenciatura que pude realizar en la Universidad de Málaga a finales de los años 90 del pasado siglo XX no existía ninguna asignatura centrada en la historia de las mujeres o en los estudios de género, en un momento en el que los mismos parecían estar emergiendo en el ámbito universitario. Este aspecto ha ido mejorando con el tiempo, cuando actualmente los distintos centros académicos ya ofrecen, en alguno de sus niveles, créditos relacionados con tales temáticas. El origen de este trabajo en concreto surge después de presentar en la Universidad de Granada mi tesis doctoral en el año 2016 bajo la dirección de la profesora Dra. Carmen Trillo. Comencé a darme cuenta de que en la variada documentación utilizada para ese estudio aparecían las mujeres, pero no como un elemento secundario o con un papel subsidiario, sino que se apreciaba en ellas cierto protagonismo que hubiera merecido un capítulo propio en aquel momento. Por entonces, tan solo me había limitado a hacer referencia a la situación excepcional de algunas de esas mujeres, aquellas que me habían llamado la atención, pero, además, se hizo de forma muy somera y superficial. Por tanto, sentía quedar en deuda con aquella realidad de finales de la Edad Media y pude advertir que, basándome en las mismas fuentes ya utilizadas en otras investigaciones, podía hacer aflorar la vida de unas mujeres que comencé a considerar como necesarias. De ahí que, más tarde que pronto, me puse a dar orden a una idea inicial, retomando las principales fuentes de información para un análisis con perspectiva de género que pusiera el foco en el estudio de las mujeres de la ciudad de Antequera en los últimos años del siglo XV.

Casi siempre las mujeres aparecen en la documentación bajo un plural que señala su pertenencia a un colectivo concreto, sobre todo en relación con determinados oficios. Menos común es verlas de forma individualizada, cuando muchas veces se desconocen sus nombres y su presencia en los textos se apoya en su vinculación con un hombre[2]. De ahí que, como se podrá comprobar en estas páginas, exista una evidente invisibilidad de las mujeres en el tiempo pasado que se pretende estudiar. Al hablar de la presencia femenina en los estudios históricos en torno a una determinada época, también se han usado términos que desvelan su papel relegado, tales como «silenciadas» o «en la sombra»[3]. El papel de escribir sobre ellas demuestra que en la práctica el poder acercarse a aquella realidad desvela que ellas nunca se hallaban ausentes, porque estar estaban ahí, pero parecían situarse en su mayoría detrás de ciertas cortinas, detrás de cierta puerta o de cierta ventana, al pasar como desapercibidas, como algo anecdótico. Ya Virginia Woolf a inicios del siglo XX se hacía eco de tal invisibilidad de la mujer en su obra *Una habitación propia*[4]. En la historiografía reciente hay que señalar el trabajo de M. C. García

---

[2] Los documentos en los que aparece la mujer suelen recoger lo excepcional, no lo cotidiano, lo que da apariencia de una sociedad masculinizada, al no tener en cuenta a las mujeres, a pesar de su papel imprescindible (Segura Graíño, 2018b, p. 111).

[3] López Beltrán, 2003, p. 7.

[4] Woolf, 2019.

Herrero en el que denunciaba que las mujeres solían desaparecer de los estudios históricos. Cuando se pretendía realizar un estudio sobre una sociedad o una época concreta, quedaban ocultas a pesar de estar presentes en las fuentes documentales[5].

Por supuesto, a la hora de aproximarse a aquellas mujeres, no era necesario ignorar la presencia del hombre, de hacerlo a él esta vez invisible, para que emerja el protagonismo femenino en la historia. Tan solo se trataba de emprender la tarea de completar el conocimiento del pasado, cada vez más en más facetas, poniendo en esta ocasión en el centro del estudio a las mujeres, con la intención de hacer una historia menos parcial, una historia más acorde con la realidad social que fue, o parte de ella, lo que las pruebas del pasado como las principales guías de trabajo permitan analizar.

Con la presente propuesta, se ha tratado de hacer fácil el acercarse a una concreta historia ignorada y silenciada hasta hace poco, para así poder reconstruir un pasado sobre la base de las relaciones interpersonales. Este aspecto no solo ha ocurrido con las mujeres, sino que la historia tradicional y eurocéntrica —a tal extremo de autodenominarse en ocasiones como «historia universal»— se ha basado en una historia de vencedores, masculina, de blancos y generalmente de la élite y, sin duda, de algunas mayorías. De ahí el interés de salvar esa desigualdad al enfocar otros aspectos de nuestro ayer como, en este caso, el estudio de las mujeres en la historia. De este modo, no quedaría fuera de los estudios históricos la mitad de la sociedad del pasado, evitando dejar separada una historia del hombre de una historia

---

[5] García Herrero, 2009, pp. 157-174.

de la mujer[6], cuando se trata de dos sujetos pertenecientes a una misma sociedad, donde se relacionan como protagonistas de un mismo pasado[7].

Llegado a este punto, el convencimiento está en que ya no es posible hacer historia sin mujeres. Además, hay que tener en cuenta que el tipo de sociedad existente en la Castilla medieval responde a lo que clásicamente se ha conocido como la pirámide social estructurada en estamentos, en la cual la posición de la mujer dependía del estamento al que perteneciera. Por ello, la desigualdad de aquel tiempo no solo debe hallarse en la diferencia entre hombre-mujer, sino también en la existente entre los distintos grupos sociales cerrados de aquella época, teniendo en cuenta siempre que no hay que considerar a las mujeres como sujetos ajenos a su propia sociedad, sino que pertenecen a ella y en ella desarrollan distintos roles, aunque ellas no hayan elegido ese papel. Aunque existieron mujeres en los límites de la marginación, caso de las prostitutas, todas son protagonistas de un modo u otro de la vida de un momento y de un lugar determinado[8].

La imagen que se tiene de las mujeres a finales de la Edad Media no es la de estar excluidas, sino más bien la de poseer un papel secundario ante el protagonismo del hombre de la época, pero nunca fuera de los límites de aquella sociedad. Su percepción como la parte débil de la misma, tanto a nivel físico como mental, las ha considerado incapaces, cobardes, ignorantes, poco inteligentes y estúpidas por naturaleza, lo que, en teoría,

---

[6]   «sería ineficaz separar la historia de la mujer de la historia del hombre», Duby, 1990, p. 104.
[7]   Segura Graíño, 2013, pp. 40-41.
[8]   Segura Graíño, 2000, pp. 107-118.

las relegaba a tareas de poco esfuerzo, una imagen que se ha ido perpetuando a lo largo del tiempo hasta siglos contemporáneos[9], lo que sitúa a las mujeres en un estado de *imbecillitas*, que las señala como sujetos que siempre necesitan ayuda y protección. Es así como se considera a nivel jurídico en Castilla a la mujer, como un ser inferior, al menos desde los textos legislativos, como se puede leer en las *Partidas* de Alfonso X (segunda mitad del siglo XIII): «*De mejor condición es el varón que la mujer en muchas cosas e en muchas maneras*»[10]. Esa visión contrasta con aquellas mujeres que, como se verá en la práctica, intentan demostrar que están preparadas para desempeñar cualquier función que se les asigne.

En este trabajo se habla de unas mujeres vinculadas a un espacio y a un tiempo concretos, Antequera a finales de la Edad Media, por lo que el primer aspecto clave de obligado desarrollo gira en torno al papel que ellas tuvieron durante los procesos de repoblación y de repartimiento que se desarrollaron tras la conquista de esta ciudad nazarí en 1410, es decir, en relación con su establecimiento en un territorio como componentes indispensables de familias recién llegadas o, en ocasiones, con la condición de mujeres solas. Otro tema que repasar es el de su presencia en el mundo laboral, con relación a oficios, normas que los regulan, iniciativas personales o su posición o no a la sombra del hombre, mostrando a unas mujeres con un variado papel socioeconómico. En torno a la familia, pueden extraerse datos sobre la dote y los enlaces conyugales. Asimismo, un asunto más

---

[9] Muñoz Páez, 2017, pp. 127-128.
[10] Sánchez Vicente, 1985, Partida IV, XXIII, II.

que tratar es el de la violencia contra las mujeres, dentro y fuera del ámbito familiar.

Para realizar este estudio ha sido fundamental tomar como base fuentes primarias procedentes principalmente del Archivo Histórico Municipal de Antequera (AHMA), cuya datación se centra mayormente en la última década del siglo XV. Su lectura y análisis han aportado una valiosa información sobre aquellas mujeres que vivieron a finales de la Edad Media en esa localidad malagueña. Al final de este trabajo se podrá acceder a la versión completa de algunos de los textos históricos que se han seleccionado para crear el correspondiente «Apéndice documental». Los datos recopilados en todos los documentos analizados han servido de gran utilidad para el desarrollo de la investigación que aquí se presenta, que, en suma, va a permitir un mejor conocimiento, en particular, sobre el mundo femenino y, en general, sobre la sociedad bajomedieval a la que pertenecieron todas esas mujeres.

2

Un repaso historiográfico

La búsqueda de bibliografía sobre el tema de las mujeres en la Edad Media en la península ibérica, y más concretamente en los siglos finales de esta época histórica, remite a una producción de obras, artículos y capítulos de libros que en las últimas décadas ha podido ser alentada desde diferentes instituciones científicas y universitarias. Muchos de esos trabajos responden a resultados de investigación presentados en reuniones de variado tipo (coloquios, congresos, encuentros, jornadas, seminarios) y que se han plasmado en diversos formatos: monografías, actas, revistas o manuales. Todo ello es una muestra del debate científico que se ha desarrollado en los últimos años en torno a la historia de las mujeres en el periodo medieval peninsular.

Para adentrarse en el campo de estudio sobre la mujer como sujeto social en la Edad Media era importante averiguar, primeramente, cómo había sido el tratamiento del tema desde hace cuatro décadas, realizando un repaso por la historiografía existente. La tarea se ha visto facilitada gracias a las ocasiones en las que se ha hecho necesario realizar una adecuada revisión historiográfica, con el objetivo, como la Dra. Cristina Segura (catedrática de la Universidad Complutense de Madrid) ha reiterado en sucesivas ocasiones, de actualizar el conocimiento adquirido sobre las mujeres de la Edad Media en los reinos peninsulares al considerarse un ámbito de investigación siempre abierto y en continua construcción[11]. De esta manera, se llega a conocer desde cuándo se ha estudiado a la mujer en la historia y, más concretamente, desde cuándo respecto a la Edad Media. De ahí que se puedan conocer los trabajos más destacados existentes desde que se iniciaron las primeras líneas de investigación sobre la temática en los años 80 del siglo XX hasta principios de la presente centuria. El repaso historiográfico hace ver lo reciente de este tipo de estudios, con poco más de cuarenta años en España.

Sus inicios se sitúan en la década de los 80 del pasado siglo, cuando diversas historiadoras españolas recibieron la influencia de corrientes de investigación foráneas procedentes tanto de Estados Unidos como de Europa, donde ya se venían fomentando vías de trabajo desde la primera mitad del siglo XX en relación con las reivindicaciones crecientes sobre los derechos de la mujer. Fue en aquella década cuando se inició el interés por desvelar un pasado poco conocido y así poder rescatar a las mujeres como sujeto histórico, cuando hasta entonces solo el estudio de casos concretos había dado a conocer la vida de ciertas mujeres excepcionales y de gran relevancia, por lo que lo femenino en la historia española se había estudiado de una manera muy puntual. Parecía que al estudiar de forma general una sociedad de cualquier época ya era suficiente para tener un conocimiento correcto acerca del pasado, también del de las mujeres.

---

[11] La autora ha insistido desde sus comienzos en ir actualizando la evolución de los estudios de las mujeres en el periodo medieval en unos primeros balances, como hizo en 1984 y 1992, labor que ha tenido su continuidad en sendos estados de la cuestión más recientes, realizando un repaso sobre el desarrollo de la historia de las mujeres desde el punto de vista de los estudios de la Edad Media (Segura Graíño, 2006, pp. 85-107, esp. 106; y 2013, pp. 33-54).

Pero el esfuerzo realizado en las últimas décadas por medio de un trabajo continuado en el tiempo ha hecho recuperar a la «mujer» del silencio y del olvido, haciendo ver que en el propio relato histórico medieval, en los documentos, en las fuentes escritas primarias, sí era verdad que aparecían las mujeres y sí era cierto que aparecía una valiosa información que hablaba sobre ellas.

Con el inicio de los estudios de género surgieron unas iniciales obras de conjunto que tenían como objetivo reunir las conclusiones de los primeros avances que se producían dentro de un proceso de investigación en crecimiento. Así, en 1982 se editan las actas de la pionera reunión que acogió trabajos sobre la mujer procedentes de varias disciplinas, con una sección propia para la historia, que incluía ya el periodo medieval[12]. En los dos años siguientes se publicaron los resultados pertenecientes a un par de jornadas más, ya sí dedicadas de forma exclusiva a la mujer en la Edad Media peninsular. En *Las mujeres medievales y su ámbito jurídico*[13], el objetivo fue presentar una serie de ponencias basadas en la labor de relectura acometida sobre el variado marco legal existente en diferentes puntos de la península ibérica que podía hacer referencia a las mujeres, comprobando en líneas generales el carácter limitado de los derechos que ellas podían disfrutar frente a los más amplios de los hombres.

El siguiente encuentro se editó bajo el título *Las mujeres en las ciudades medievales*, con dos secciones, una dedicada a Aragón y otra a Castilla. La mayor parte de los estudios presentados entonces hacían hincapié en la necesaria prospección que practicar en la

---

[12] Folguera (coord.), 1982; Segura Graíño, 1982, pp. 61-70.
[13] Publicación editada en 1983 por la Universidad Autónoma de Madrid.

documentación y la normativa de índole municipal[14]. De este modo, se pudo mostrar a unas mujeres del mundo urbano activas, conociéndose que su situación social iba por delante de lo que aportaban los textos jurídicos y legislativos, como las *Partidas* de Alfonso X[15], reflejando un papel distinto entre el plano teórico y el práctico, muestra de la diferencia existente respecto a la condición femenina de hecho y de derecho. En el mismo 1984 se celebró un coloquio alentado por el historiador George Duby, en la Casa Velázquez de Madrid, en torno a *La condición de la mujer en la Edad Media*, momento que fue aprovechado para reunir a especialistas de Francia y España que pudieron presentar diversas ponencias que sirvieron de marco general a las comunicaciones que las acompañaron con estudios más concretos y particulares sobre una distinta temática siempre con relación a las mujeres, a nivel cultural, jurídico, socioeconómico y artístico.

Estos primeros análisis desembocaron en nuevas contribuciones en torno a aspectos más específicos, como la situación de la mujer en el mundo laboral, tema tratado en diferentes ocasiones, que muestra a las mujeres como participantes en la construcción de la sociedad de su tiempo. Así sucede con la obra colectiva *El trabajo de las mujeres en la Edad Media hispana*, fruto del debate realizado sobre las distintas ocupaciones que la mujer pudo desempeñar en los reinos hispánicos medievales y sobre la normativa que regulaba su actividad profesional en todos los sectores económicos y en distintos territorios cristianos peninsulares, lo que

---

[14] Segura Graíño (ed.), 1984a; una década más tarde se seguía insistiendo en la importancia del estudio de las fuentes locales (Gámez Montalvo, 1993-1994, pp. 59-71).
[15] Un estudio más concreto de entonces sobre la mujer en las *Partidas* en Sánchez Vicente, 1985.

permitió una valoración comparativa[16]. Más reciente, actualizando la misma temática, es el libro *Oficios y saberes de mujeres*. Aunque con aportaciones de amplio recorrido histórico, que van desde la Antigüedad hasta el siglo XX, recoge nuevos trabajos centrados en el mundo laboral femenino durante la Edad Media castellana[17].

La labor de difusión de trabajos sobre las mujeres desde distintas disciplinas por parte de la Asociación de Estudios Históricos sobre la Mujer, de la Universidad de Málaga, se concretó en una de sus publicaciones sobre la mujer medieval, con colaboraciones procedentes de otras universidades españolas que aportaban nuevos puntos de vista a una variedad de aspectos que ya habían sido tratados en reuniones pasadas[18]. Así se daba paso a una década, la de los 90, durante la que se produce un aumento en el número de estudios que se caracterizan por aplicar una metodología propia a una disciplina como la historia de las mujeres, que iba a alcanzar entonces su cota máxima, abriéndose a nuevas tendencias[19]. Como en alguna ocasión se ha denunciado, todavía a mediados de esa misma década los estudios sobre el reino de Granada apenas incluían a las mujeres[20].

Con la entrada del nuevo siglo, parece que existía la impresión de que la labor investigadora se había ralentizado ante los pocos aportes novedosos y que hacía falta repasar lo hecho hasta ese momento. Se criticaba entonces que después de veinte años de investigación aún se considerara a las mujeres como objeto y no

---

[16] Muñoz Fernández, Segura Graíño (eds.), 1988.
[17] Cid López (coord.), 2002.
[18] López Beltrán (coord.), 1990.
[19] Segura Graíño, 2013, p. 41.
[20] Birriel Salcedo, 2004, p. 489.

como sujeto de los estudios medievales[21]. A pesar de ello, una de las primeras aportaciones de aquel momento fue *Mujeres, familia y linaje*[22], fruto del coloquio celebrado en Granada a finales de 2003, donde se presentaron distintos estudios que abordaron el papel de las mujeres dentro de la estructura familiar, tomando a ésta como unidad básica para conocer mejor desde una nueva perspectiva la sociedad del periodo medieval.

Recientemente, se ha comprobado un creciente interés por temas concretos, como el del ejercicio del poder por parte femenina o por detectar las diferentes formas de violencia contra las mujeres[23]. Respecto a este último aspecto, hay que destacar el trabajo derivado de su tesis doctoral de M. S. Álvarez Bezos, sobre la violencia que sufren las mujeres castellanas medievales, sobre todo en el ámbito familiar[24], asunto que también fue tratado de modo monográfico por la revista *Clío & Crimen* en su número 5 de 2008, bajo el título *La violencia de género en la Edad Media*[25].

A todas estas obras habría que sumar nuevos estudios de conjunto que han sido publicados más recientemente, como *Las mujeres en la Edad Media*, donde se actualizan aspectos metodológicos y que añade un nuevo estado de la cuestión a nivel historiográfico, abarcando asuntos como el entorno familiar de la mujer, el mundo laboral femenino y el papel de las mujeres en el poder y en el ámbito cultural[26]. Esta misma diversidad de temas es tratada desde perspectivas generales y otras más particulares en

---

[21] Así lo advertía Segura Graíño, 2013, pp. 41 y 51.
[22] Trillo San José (ed.), 2004.
[23] Temáticas desarrolladas en diversas ocasiones por Val Valdivieso, 2021, pp. 19-52.
[24] Álvarez Bezos, 2015.
[25] Bazán Díaz (coord.), 2008.
[26] Val Valdivieso, Jiménez Alcázar (coords.), 2013.

Ser mujer en la ciudad medieval europea, fruto de los IX Encuentros Internacionales del Medievo de Nájera (La Rioja)[27].

De similares características es la publicación titulada *Las mujeres de la Edad Media: actividades políticas, socioeconómicas y culturales*, que agrupa un número de trabajos en torno a la diversa realidad socioeconómica de las mujeres, tanto del mundo rural como del urbano del territorio de la Corona de Aragón, sobre todo de la Baja Edad Media[28]. Hay que sumar también la más actual *Las mujeres en la Edad Media*, nuevo fruto de la Semana de Estudios Medievales de Estella (Navarra), de larga tradición ya, con una nueva actualización sobre los estudios de las mujeres en el periodo medieval, mostrando a lo largo de sus capítulos distintas facetas femeninas, con un nuevo repaso historiográfico y una reflexión sobre una necesaria renovación metodológica[29].

Tal vez se eche de menos algún trabajo de síntesis ante tanta variedad de estudios parciales que se han ido publicando a lo largo del tiempo. Sin embargo, muchos de ellos se han reunido en obras colectivas bien planificadas, con preocupación por establecer estados de la cuestión, junto con conclusiones finales sobre las perspectivas de futuro para la temática a estudiar. Sí podríamos anotar una obra que debe servir de referencia, de manera general, al iniciar un trabajo de investigación sobre las mujeres en la época medieval, como la de H. Dillard[30]. En la misma se describe un proceso de conquista y repoblación no ajeno a lo femenino, donde las mujeres de la Castilla de la Edad Media fueron partícipes de ese

---

[27]   Solórzano Telechea, Arízaga Bolumburu, Aguiar Andrade (eds.), 2013.
[28]   García Herrero, Pérez Galán (coords.), 2014.
[29]   López Ojeda (coord.), 2021.
[30]   Escrito en los 80, fue editado en español en la década siguiente: Dillard, 1993.

momento histórico, haciendo hincapié en los distintos roles que ellas desempeñaron en esas zonas de avance frente a al-Ándalus, en aquellos municipios situados en tierras de frontera, donde al llegar hallaron una sociedad en construcción y en plena expansión.

En la nómina bibliográfica recogida en el último punto del trabajo que el lector tiene en sus manos, se han recopilado referencias que se han considerado básicas para el desarrollo de una investigación sobre la base de fuentes locales. En la misma se puede observar que hay determinadas autoras muy prolíficas y que han marcado, y aún lo hacen, la línea a seguir. Ese es el caso de C. Segura Graíño, cuyos numerosos estudios son muestra del conocimiento que la autora atesora sobre la sociedad de frontera a finales de la Edad Media en general y, en concreto, sobre el papel que las mujeres tuvieron en la misma, algo que se puede observar desde sus primeros trabajos. Así mismo, como pionera en el tema, basó sus iniciales conclusiones en el análisis de los repartimientos, como fuente para abordar de forma fundamental con el fin de conocer a las protagonistas de la repoblación tras producirse la conquista castellana[31].

Por el contexto más cercano y similar a la localidad de estudio, sirven de modelo y son básicas las investigaciones de la profesora M.ª Teresa López Beltrán. Durante gran parte de su trayectoria centró sus estudios en el reino de Granada, tomando como base la documentación procedente, ante todo, de la ciudad de Málaga que le permitió trabajar en torno a una temática variada (repoblación, familia, matrimonio, marginalidad, prostitución)[32]. También hay

---

[31] Segura Graíño, 1982, pp. 61-70; y 1990, pp. 95-103.

[32] En uno de sus últimos trabajos reiteraba la necesidad de indagar en la documentación de los archivos locales, sobre todo en los numerosos repartimientos, para

que destacar los trabajos de M. Birriel Salcedo para el territorio granadino en el periodo moderno[33].

Sin salir de Málaga, hay que contar con la relativamente reciente contribución de M.V. García Ruiz, que realiza un recuento de las mujeres que aparecen en el repartimiento malagueño para analizar distintos aspectos sobre las mismas durante el proceso de repoblación[34]. Por su parte, la profesora María Martínez ha trabajado la misma temática para el ejemplo de Murcia, con un análisis hecho sobre la participación de las mujeres en la repoblación murciana, principalmente a nivel socioeconómico, un proceso que sucede en un momento más temprano que en Andalucía, en el siglo XIII, pero que muestra interesantes paralelos que tener en cuenta[35]. Del mismo modo, no hay que perder de vista los trabajos de M. I. del Val Valdivieso, en relación con la mujer del reino de Castilla, y M. C. García Herrero para el territorio aragonés[36].

En todos estos últimos trabajos mencionados se incide en el rol fundamental que tuvieron las mujeres durante el proceso de repoblación y en todos los casos se han usado metodologías similares, tomando como base principal de análisis los libros de repartimiento, donde se descubre la presencia de unas mujeres que se consideran protagonistas de aquel momento histórico.

Finalmente, respecto a la historiografía local falta por hacer un estudio de las mujeres de Antequera de tipo interdisciplinar, no solo donde participe la historia. Habría que realizar, prime-

---

conocer las circunstancias en las que las mujeres se establecen en tierras andaluzas a lo largo de todo el siglo XV (López Beltrán, 2015, pp. 110-135).
[33] Birriel Salcedo, 2004 y 2015.
[34] García Ruiz, 2005.
[35] Martínez Martínez, 2000.
[36] Val Valdivieso, 2002, 2008, 2010 y 2021; García Herrero, 1989, 2009 y 2014.

ramente, un análisis sobre cómo las historias locales, todas ellas escritas por hombres, han tratado la figura femenina desde el siglo XVI hasta el siglo XX[37]. En momentos más cercanos, tan solo han sido puntuales los trabajos que han tratado la temática de género en diversos contextos históricos, pero que solo han tenido continuidad cuando se han estudiado personajes femeninos concretos. Hay que destacar diversos estudios relacionados con la liberta Acilia Plecusa de época romana[38]. Algunos apuntes se han hecho sobre los muchos conventos femeninos que se establecieron en la ciudad, en los que habría que incidir más, y sobre la mujer en la Semana Santa[39]. También se han realizado trabajos sobre la prostitución en época moderna[40] y sobre la particular figura para la literatura renacentista de Cristobalina Fernández[41].

---

[37] Casi una decena de historias manuscritas se conservan en la ciudad (Escalante Jiménez, Fernández Paradas, 2003, pp. 683-696).
[38] Como Romero Pérez, 2021, pp. 15-34.
[39] Escalante Jiménez, 2014.
[40] León Vegas, 2004, pp. 321-340.
[41] Osuna Rodríguez, 2010, pp. 483-485.

3

Localización de los fondos documentales

En ninguno de los trabajos o estudios que se han podido realizar hasta la fecha en torno al periodo bajomedieval de la localidad de Antequera aparece analizado el tema de las mujeres. De ahí el empeño de acometer este trabajo de investigación desde una perspectiva de género por medio de un estudio basado en fuentes locales para poder acercarse a un pasado poco conocido, tratando de evitar la construcción de un relato parcial. Para ello, tras la revisión historiográfica, era necesario indagar en toda la documentación de archivo, editada e inédita, que pudiera aportar información sobre el papel de las mujeres en distintas facetas (familiar, laboral, cultural).

En líneas anteriores ya se ha señalado que autoras como C. Segura o M. T. López Beltrán siempre han ido insistiendo en la importancia de seguir indagando en los fondos de los archivos municipales. La propuesta de trabajo que realizara la primera de ellas en 1981 de releer las fuentes ya utilizadas en otros estudios, junto a la suma de las poco o nada analizadas, aún es válida hoy ante la escasa presencia de lo femenino en los estudios realizados hasta ahora, para así poder añadir nuevos análisis sobre el tema y conocer al mayor número posible de mujeres, en su mayoría mujeres cotidianas, las de la vida diaria, por distintos motivos poco visibles[42]. Hasta el momento tan solo se había llegado a realizar una somera referencia a situaciones consideradas excepcionales y que llamaban la atención[43]. Por tanto, existe cierta deuda con aquella realidad de finales de la Edad Media, que puede ser saldada con el necesario esfuerzo de aportar un conocimiento más completo sobre la sociedad de aquel periodo histórico. De este modo, partiendo de la idea de que todas las mujeres tienen pasado, con la dificultad añadida de que quien las registra siempre es una figura masculina[44], era necesario adentrarse en la complicada tarea de rastrear su presencia y su papel en la diversa documentación, conocida ya o no tanto.

El trabajo en sí pretende centrarse en la ciudad de Antequera en el momento histórico en el que se halla una sociedad en plena reconstrucción, terminada la guerra de Granada en 1492, en la última década del siglo XV, y que después de ochenta años tras su conquista por Castilla, comienza a verse recuperada a todos los niveles (demográfico, económico y social), tras intentos infructuosos por haberse situado durante todo ese tiempo en pleno sector de frontera[45]. Es precisamente de esa etapa histórica de final de siglo de la cual mayor número de documentos se conservan.

---

[42] Segura Graíño, 1982, pp. 61-70; y 2013, p. 42.
[43] Así sucede con la escasa presencia femenina cuando se trata el tema de los sectores económicos existentes en la ciudad de Antequera a fines del siglo XV (Pérez Gallego, 1992, pp. 45-58).
[44] Martínez Martínez, 2000, p. 24: «Si nos fiamos demasiado de lo que dicen los hombres [los cuales son los que escriben sobre las mujeres] corremos el riesgo de equivocarnos».
[45] Alijo Hidalgo, 1997, pp. 41-50.

Las fuentes escritas sobre la ciudad bajomedieval de Antequera donde hallar información sobre las mujeres, en principio, parecen ser escasas y fragmentarias. La revisión de la historiografía local más reciente mostraba que en la documentación ya conocida aparecían ciertas mujeres, aparentemente solo nombradas, y en la que permanecía inédita había que procurar ayudarlas a aparecer, ayudarlas a ser desveladas, teniendo que poner el foco de la investigación en la exploración de todas las fuentes posibles. Para ello, la búsqueda de fuentes primarias sobre el tema en gran manera se debía producir en el archivo local, el Archivo Histórico Municipal de Antequera. Inicialmente, se pudo consultar el catálogo *online* del mismo y se ha visitado la institución con la intención de hallar cierta guía de referencia por parte del personal del archivo en torno a la búsqueda de documentos que pudieran contener información sobre las mujeres de la localidad a fines del periodo medieval. Con una visión general del contenido de los fondos, se pudo comprobar que, en principio, sería el Fondo Municipal el que podría arrojar mejores resultados en torno a la indagación.

A grandes rasgos, algunos de los textos que había que consultar ya se encontraban editados, como el *Libro de repartimientos* o las Ordenanzas de la ciudad recopiladas en 1531, junto a otras fuentes primarias hasta hace poco no analizadas, principalmente las actas capitulares de finales del siglo XV o el *Libro de documentos reales*, entre otros documentos sueltos que se podían explorar. Además, era interesante adentrarse en un documento poco utilizado, también inédito, como es el único protocolo notarial de finales del siglo XV que se conserva, el legajo 49, del escribano Fernando de Molina[46]. A este corpus base hay que añadirle otros documentos procedentes del Archivo General de Simancas, siempre tomando como nexo de unión la localidad de Antequera.

El *Libro de repartimientos*, en concreto, es una amplia fuente primaria de información, clave para conocer cómo se reconstruye la sociedad de un territorio concreto tras su conquista por los reinos cristianos. El documento que se conserva sobre Antequera trata del momento final de un proceso de repoblación que se fue alargando en el tiempo desde que se produce la incorporación de la ciudad nazarí a Castilla en 1410 hasta años finales del siglo XV. Es un texto que no puede ser eludido a la hora del estudio de las mujeres en el periodo bajomedieval, como diversas autoras han defendido para otros territorios, porque refleja el papel de aquellas primeras mujeres que poblaron una tierra recién conquistada por medio de una participación verídica[47].

Distintos procesos de reparto de tierras a lo largo de toda esa centuria reflejan los diversos intentos de repoblación que se llevaron a cabo sin éxito durante los reinados de Juan II (m. 1454) y de Enrique IV (m. 1474), hasta que en la última década, tras las conquistas de la ciudad de Málaga (1487) y de la ciudad de Granada (1492), se logra recuperar de forma definitiva el número de habitantes por la atracción de nuevas familias que se asientan en Antequera y su territorio. Es el momento en el

---

[46]   AHMA, Fondo de Protocolos Notariales [FPN], C-49. Se trata de un tipo de documentación que puede aportar ricos datos para conocer la condición de unas mujeres en gran parte dueñas de su destino del día a día personal, como se demuestra en el estudio sobre la Sevilla bajomedieval de Pérez González, 2005, pp. 15-16.

[47]   López Beltrán, 2015, pp. 110-135; Martínez Martínez, 2000, p. 28; Segura Graíño, 1982, pp. 61-70.

que los Reyes Católicos mandan realizar un último proceso de repartimiento, conocido como reformación, con el objetivo de conocer la situación de los distintos repartos realizados hasta la fecha y emprender un nuevo proceso de reparto de tierras libres ante la creciente afluencia de nuevos vecinos. Los datos que puede aportar están en relación con el establecimiento de familias en el área antequerana hasta 1499, lo que hace que el documento sea base imprescindible para conocer el papel de las mujeres en tales procesos. Como hipótesis inicial se podría decir que tal vez no es hasta que las mujeres logran asentarse en la zona, sin abandonarla, cuando la repoblación tiene éxito.

Hay que señalar que el *Libro de repartimientos*, aunque fue editado en 1983, fruto de la tesis doctoral que su autor defendió en la Universidad de Granada en 1976, el estudio sobre el documento en sí ocupa poco más de veinte páginas de la publicación que lo dio a conocer, un 15 % del total, por lo que potencialmente aún la información que contiene puede aportar nuevas vías de análisis. Su edición se basó en dos manuscritos, el del Archivo Histórico Municipal de Antequera y el del Archivo de la Catedral de Málaga —o Manuscrito B— que solo aporta ligeros matices sobre el anterior[48].

Diferentes trabajos han considerado que este tipo de documentos muestran a las mujeres como figuras indispensables para el buen término de los procesos de repoblación[49]. Además, el repartimiento es un tipo de texto que refleja el tratamiento de

---

[48] AHMA, *Libro de repartimientos de Antequera* [*LRA*], L-2150. La edición del texto fue publicada junto a un estudio sobre la ciudad y su tierra en Alijo Hidalgo, 1983, pp. 159-295.
[49] García Pardo, 2009, pp. 298 y 306; López Beltrán, 2008, p. 95.

doble invisibilidad que han recibido las mujeres de la Edad Media. Primeramente, porque muchas de ellas aparecen anónimas en el documento, lo que denota la clara subordinación respecto al hombre en el momento de quedar registrada la presencia en la ciudad de nuevas familias[50]. En segundo lugar, porque la historiografía que se ha basado en tales fuentes también se ha olvidado de esas mujeres sin nombre, cuando solo son contabilizadas las que portan nombre y apellidos. Con un repaso superficial por el contenido del repartimiento antequerano se aprecia un panorama femenino mucho más amplio del que se podía pensar inicialmente. De este modo, se comprueba que el documento en sí puede aportar más información de la prevista sobre la vida de unas mujeres que se desvelan como verdaderas protagonistas activas junto a otros hombres para aquel momento histórico concreto.

Respecto a la categoría social, el mismo proceso de repartimiento divide a los vecinos entre peones y caballeros, asignando a cada grupo una extensión de tierras diferente, por lo que, siguiendo esta línea, de forma más apropiada se tendría que hacer referencia a grandes, medianas o pequeñas propietarias, y no tanto tomarlas como mujeres de propietarios. Es entonces cuando su aparente papel secundario tiende a desaparecer.

La información extraída del *Libro de repartimientos de Antequera* aporta suficiente luz a la presencia de las mujeres en todo el proceso que este recoge y se hace eco de unos datos muy básicos que se hallan de una manera desordenada y dispersa a lo largo de los aproximadamente doscientos cuarenta folios que abarca el

---

[50] Algo que es común a otros documentos de repartimiento (Martínez Martínez, 2000, p. 41).

documento. De este modo, se puede saber el número de mujeres que recibieron tierras en primera persona; el nombre o apelativo con el que se las conoce a algunas de ellas; la extensión de las parcelas que recibieron; y algunos documentos insertos alusivos a las circunstancias particulares de cada mujer.

Otro documento que indagar, muy cercano a la realidad del momento, es el de las primeras actas capitulares de la ciudad. Su estado para la consulta es fragmentario e irregular, lo que implica pérdida de información, comprendiendo las sesiones de reunión del cabildo municipal, de lo que hoy se llamaría el pleno del ayuntamiento, celebradas entre los años 1494 y 1497[51]. Se trata de un documento escasamente analizado, a pesar de haberse utilizado someramente para el desarrollo de algunos estudios. Sobre todo, la lectura parcial del mismo fue la base principal de gran parte del trabajo de M. Pérez Gallego[52], el cual recogió solo fragmentos que en ocasiones presentan ciertas incorrecciones. La reciente transcripción del contenido de los casi ciento treinta folios que componen el documento, más la reordenación de las sesiones con un sentido cronológico, ha facilitado la consulta en el momento de querer extraer la máxima y mejor información de su contenido para así obtener una mayor comprensión del texto previa al análisis a realizar. Otro problema es la gran discontinuidad en el tiempo del documento, al verse su desarrollo interrumpido en distintos momentos. El índice onomástico que

---

[51]   AHMA, Fondo Municipal, Libro de actas capitulares, L-1594 [en adelante AACC].
[52]   Pérez Gallego, 1992.

acompaña a la edición de las actas puede servir para localizar la presencia de mujeres a lo largo del documento[53].

A pesar de todo ello, la utilidad de su información se basa en un contenido que es reflejo directo de la vida misma de la ciudad y de sus vecinos y vecinas, con una variada temática (cargos municipales, gestión de recursos, oficios, situación social y económica de la población, medios productivos, repoblación, relaciones con otras localidades), en la que la mujer, de forma directa o indirecta, es aludida como parte integrante de esa sociedad. Todo ello muestra la actuación del gobierno municipal respecto al espacio urbano, a su territorio dependiente y a su población.

Ya un autor local, A. Parejo Barranco, en su *Historia de Antequera* consideraba que dichas actas servían para conocer las necesidades de la localidad y los intereses privilegiados de quienes ocupaban los cargos municipales[54]. Precisamente, los años que abarcan estas actas capitulares (1494-1497) son los mismos durante los cuales Antequera está viviendo una gran transformación después de décadas con intentos poco exitosos por recuperarse en distintos aspectos tras la conquista —a nivel demográfico, económico y urbanístico—[55]. Uno de los temas que indagar por medio de su consulta es el del mundo laboral femenino, registrándose diversas ocupaciones (parteras, placeras, pescaderas, hortelanas, panaderas, mercaderas, vendederas o prostitutas), algunas de ellas exclusivas de la mujer. Es un aspecto que, como se ha visto en el

---

[53]   Cobos Rodríguez, 2024, pp. 505-530.
[54]   Parejo Barranco, 1987, p. 122.
[55]   «Esta çibdad se ha poblado y puebla de cada día», AHMA, AACC, 9 de enero de 1495, f. 47v.

repaso historiográfico, ha tenido un importante predicamento en los estudios sobre las mujeres de la Edad Media a nivel general.

De esta manera, la conjunción de datos procedentes del *Libro de repartimientos* y de las actas capitulares puede servir para desvelar en gran manera la condición de las mujeres como propietarias, sea de tierras, de ganado o de inmuebles, en ocasiones sin la presencia de un hombre de forma directa. Ejemplo de ello son las mujeres que reciben tierras por medio de mercedes reales, en agradecimiento por los servicios prestados en el pasado por algún varón de su familia o como herederas de los lotes que alguna vez fueron concedidos por repartimiento a su marido, padre o hermano.

Las actas inciden, por su parte, en la importancia de la presencia femenina en el proceso de repoblación, cuando algunos hombres son señalados al no cumplir con la promesa de asentarse con mujer. De ahí que el gobierno municipal se viera obligado a interrogarles sobre su situación, al incumplir las condiciones de vecindad.

Al documento en sí, hay que añadirle el registro de un escribano público y del concejo, Pedro Zamorano, que data de 1486, en el que se recogen algunas anotaciones sobre su trabajo en el cabildo municipal en referencia a un número corto de reuniones municipales y que aparecieron traspapeladas en el protocolo notarial de un escribano posterior[56]. Son notas realizadas de modo informal, provisional, con los datos básicos que en un último momento servirían para redactar el acta destinada al libro correspondiente. Por ello, se cita de forma breve fecha y lugar de

---

[56]   AHMA, FPN, C-49, ff. 49-81.

la reunión, asistentes (nombre y cargo), señalando seguidamente los asuntos tratados, esto sí, con cierto detalle.

Otro documento, editado ya en 1979, es el *Libro de ordenanzas*, la principal base de la normativa local, algunas de cuyas normas ya aparecían reseñadas en las actas del cabildo y que fueron recopiladas en 1531[57]. La importancia del estudio de las ordenanzas municipales para la historia de las mujeres ha sido puesta de manifiesto en algunos trabajos sobre Andalucía[58]. En el caso de Antequera, la aparición de las mujeres se produce de una manera general, sin concretar en ejemplos particulares, al contrario de lo que ocurre con las actas del cabildo municipal. La principal información que aporta está relacionada con las normas a cumplir por los distintos oficios, incluyendo algunos en los que participan las mujeres.

Por su parte, el *Libro de documentos reales* es otra fuente de información de consulta obligada en el archivo local[59]. Su contenido recoge, sin orden cronológico, las copias de las cédulas enviadas a Antequera por la cancillería real, que datan de distintos reinados desde inicios del siglo XV, algunas de las cuales, las que se han conservado en buen estado, pueden ser también consultadas en su formato original. Así sucede, por ejemplo, con el privilegio de homicianos, que permitía defender a la ciudad a quienes habían cometido algún tipo de crimen[60].

---

[57] AHMA, *Libro de ordenanzas* [Ordenanzas], L-2135. De su edición se echa en falta un estudio previo del documento, constando solo con una breve introducción a modo de presentación, en Alijo Hidalgo, 1979.

[58] Ejemplo de ello, Segura Graíño, 1984b, pp. 143–152.

[59] AHMA, *Libro de documentos reales* [*LDR*], L-2147.

[60] AHMA, *LDR*, ff. 14v-18r; AHMA, Cédulas Reales, C-34-223; asunto estudiado en Alijo Hidalgo, 1978, pp. 279–292.

También se ha podido examinar otro tipo de documentación que no se halla en el archivo de la localidad de referencia. La búsqueda que ha resultado más fructífera ha conducido al Archivo General de Simancas [AGS], más concretamente al Registro General de Sello [RGS], donde se han podido localizar algunos documentos sueltos que hacen alusión a la situación de las mujeres en Antequera durante el periodo del reinado de los Reyes Católicos entre 1475 y 1501. Los temas tratados también son variados: situación económica, matrimonio, dotes y herencias, adulterio, fugas o raptos, violencia y violación.

Finalmente, existe un corpus documental perteneciente a los fondos del mismo archivo simanquino que corresponde con un legajo compuesto por más de una veintena de documentos, sin foliar, sobre asuntos varios relacionados directamente con la ciudad de Antequera[61].

Como se puede observar, la dispersión de los datos de toda la documentación manejada ha hecho necesaria una labor de conjunción para facilitar el cruce de información, que en muchos casos posee puntos en común al tratar sobre unos mismos ejes temáticos. Uno de ellos está representado por el tema de las mujeres de finales de la Edad Media.

---

[61] AGS, Cámara de Castilla, Pueblos, legajo n.º 2.

4

Las mujeres de la repoblación[62]

La fecha de 1410 es clave por el radical cambio social que conoce la que fue *madīna* nazarí de *Antaqīra*/Antequera, cuando las tropas castellanas después de cinco meses de asedio —desde finales de abril hasta finales de septiembre— asaltan las murallas de la ciudad con la consecuente rendición de la población local y la posterior expulsión de todos y cada uno de sus habitantes[63]. Este sería el punto de partida para conocer el devenir histórico de las mujeres que van a repoblar la ciudad y su territorio. Por supuesto, dentro de esa sociedad vencida, que va a ser sustituida por la vencedora, había mujeres que son obligadas a marcharse, de las cuales solo se puede rescatar su aparición en la *Crónica de Juan II* en distintos momentos del cerco a la ciudad. Tras el temprano fracaso de la ayuda militar enviada por el emir de Granada —tropas nazaríes que fueron derrotadas por los castellanos una semana después de iniciarse el asedio—, la exigua guarnición intramuros formada por escasos *hombres de pelea* necesitará la colaboración en la defensa de los propios vecinos de la ciudad

---

[62] Sobre la posición de la mujer en los procesos de repoblación y de repartimiento bajomedievales: Segura Graíño, 1982, pp. 61-70; Martínez Martínez, 2000, pp. 28-50; López Beltrán, 2013, pp. 115-144 y 2015, pp. 110-135; y García Ruiz, 2005.
[63] Para el desarrollo de la conquista de Antequera: Alijo Hidalgo, 1983, pp. 10-22; Pérez Gallego, 1992, pp. 13-22.

asediada[64], incluidas las mujeres, como así queda reflejado a ojos del cronista castellano: «pusiéronse omes e mugeres por las torres e adarves de la villa e del castillo, llamándolos [a las tropas nazaríes] con capas e con señas que viniesen […] dando a entender que estavan muy esforçados, e que por su venida serían desçercados»[65]. Al final del sitio dos terceras partes de los supervivientes que son expulsados eran mujeres y menores: «en esta manera: omes de pelea ochocientos e noventa y çinco, e mugeres seteçientas e setenta, e niños e niñas ochoçientos e sesenta e tres». En el relato que ofrece la crónica de Juan II se insiste en la salida final de «mugeres e las criaturas»[66].

Vaciada la ciudad de sus anteriores pobladores, era momento de pensar en repoblarla, en traer nuevos vecinos para evitar dejarla abandonada y así poder consolidar una conquista muy importante para el avance cristiano frente al reino nazarí de Granada. La intención de volver a poblar Antequera va a convertirse en frecuente preocupación durante todo el siglo XV desde que se produce su integración al territorio de Castilla. Desde 1414 el propósito inicial fue habitarla de nuevo con poco más de seiscientos vecinos, con la obligación para cada individuo de llegar acompañado de su familia, al menos de su mujer, y de permanecer en la zona como mínimo cuatro años sin interrupción para así asegurar plenamente la vecindad y las propiedades obtenidas por

---

[64] Colaboración de toda la población que se ve como necesaria para la defensa en determinados momentos (Viguera Molins, 2000, p. 433). A las mismas conclusiones llegan Guichard (2001, pp. 526-528) y Torró (1999, pp. 37-45), donde se habla de esta implicación popular en la lucha, no por debilidad, sino por necesidad ante el fracaso y consecuente ausencia de las fuerzas del poder central.

[65] García de Santa María, 1982, p. 310.

[66] García de Santa María, 1982, pp. 389-390.

repartimiento[67]. Dicho plazo aparece ampliado en la donación de vecindades de 1497: «ocho años continuamente con vuestra muger e cassa poblada en la dicha çibdad»[68], en el momento en el que se había producido finalmente ya un intenso establecimiento de nuevos vecinos[69].

De esta manera, se comprueba que una condición indispensable para establecerse como vecino de forma definitiva era la de estar casado y residir un determinado tiempo de forma continua para así poder cumplir con un triple objetivo que asegurara el éxito de la repoblación, demográfico, económico y moral, o en otras palabras, ser estable, productivo y honrado[70]. En Antequera, a fecha de 30 de noviembre de 1499, se vuelve a recordar que las condiciones para lograr la vecindad eran «estar y residir con su muger e cassa poblada [...] al tiempo que por sus altezas esta mandado e ordenado [...] e que fasta ser cumplido e residido todo el dicho tiempo no lo puedan vender ni enaxenar»[71]. En las Ordenanzas de la ciudad (1531) se reitera de nuevo que eran mínimo cuatro años los que estaban obligados a vivir en la ciudad quienes llegaran, siempre con mujer, para lograr la consideración de vecinos definitivos[72].

---

[67] «a aquellos que han fecho vezindad en la dicha villa de Antequera cuatro años o fizieran de aquí adelante, que estos tales puedan vender y enagenar las dichas heredades conplidos los dichos cuatro años y non en otra manera fasta aver conplido la dicha vezindad los dichos cuatro años continuadamente en la dicha villa», AHMA, *LDR*, f. 5v.

[68] AHMA, *LRA*, ff. 166v-168r.

[69] «son venidos a esta çibdad a se avezindar a ella trezientos vecinos forasteros», AHMA, AACC, 2 de octubre de 1495, f. 75v.

[70] López Beltrán, 2004a, p. 191.

[71] AHMA, *LRA*, f. 217r.

[72] «que ninguna persona se avido vezino desta çibdad sin que [...] aya traido a esta çibdad su mujer», AHMA, Ordenanzas, ff. 49v-50v.

De este modo, se evidencia el revelador papel que tuvieron las mujeres. Primeramente, solo por ser mujeres. No son ellas las que debían aparecer desde un primer momento como titulares de un lote concreto, como posibles repobladoras en primera persona, pero su figura se muestra indispensable. Sin su presencia los hombres no podían lograr el estatus de repoblador, de nuevos vecinos, por lo que sin aparecer la mujer como un sujeto de primera línea, ya que la documentación va dirigida directamente a los hombres, la figura femenina se muestra necesaria en el proceso de repoblación[73]. A partir de ahí, la mujer que acompañaba al hombre presentaba los mismos derechos que este sobre el lote adquirido[74], de ahí que, cuando faltaba el varón, los derechos sobre la tierra pasaban a la mujer, junto con la misma obligación de fijar en la ciudad al núcleo familiar acompañada de los posibles hijos.

No obstante, en la práctica acudir con mujer era un requisito difícil de cumplir para el repoblador, porque podía encontrarse con la resistencia familiar a abandonar su lugar de origen, con la dificultad de encontrar esposa de forma rápida para casarse y, además, con el inconveniente añadido de tener que convencerla para mudarse a una zona aún lejana, insegura y fronteriza[75]. El convencimiento debía venir por medio de la promesa de recibir nuevos recursos económicos (una casa, una parcela de tierra) y, por tanto, de una mejora de la situación familiar[76]. De todas formas, el requisito de casarse estaba lleno de fisuras de cara al éxito de la repoblación, estaba abierto a ciertas excepciones, cuando es

---

[73] García Pardo, 2009, pp. 298 y 306; López Beltrán, 2008, p. 95.
[74] Birriel Salcedo, 2015, p. 96.
[75] López Beltrán, 2004a, p. 199.
[76] Segura Graíño, 2018a, p. 360.

conocido que se establecen hombres que en el momento de su asentamiento se hallan solteros: «e asi mesmo le dad dos vezindades […] aunque no sean casados». Los casos que así se atestiguan seguramente se dieron con la condición bajo palabra de formar, más bien pronto que tarde, una familia. En ocasiones, esas buenas intenciones, debido a la inseguridad del lugar, nunca llegarían a cumplirse en determinados ejemplos: «le mataron los moros, e no dejó otro heredero […] por que no era casado […] no avia mujer»[77]. Era, pues, una cláusula flexible, pero, siempre que fuera posible, era mejor establecerse con mujer como modo de asegurar el establecimiento duradero de nuevos vecinos.

En las actas capitulares de la ciudad se recogen determinados casos en los que los hombres aparecen señalados al no cumplir con tal promesa de traer a su mujer o casarse pronto, por lo que el gobierno municipal se ve obligado a interrogarlos sobre su situación al permanecer como vecinos, abiertamente sin la parte femenina, incumpliendo de este modo las condiciones para asentarse y ganarse la vecindad[78]. Incluso, se registra la intención de

---

[77] AHMA, *LRA*, ff. 63r y 73v-74r.
[78] «las ordenanças de ella disponen que ninguno sea avido por vecino fasta que trayga su muger e <se> case e que conforme aquella non avía logar que oviese paçiençia», AHMA, AACC, 28 de febrero de 1494, f. 9r; «La çibdad le mandó dar por respuesta que venga ella y su marido a se avezindar e que le darán solar e para poner una viña tierra», 26 de agosto de 1494, f. 24r; «que es vecino e se avezindó ante el escrivano de cabildo e pagó e contribuyó en lo de la guerra. La çibdad le mandó que paresca para el primero cabildo e que trayga ynformaçión desde qué aquí está e por qué non ha traydo su mujer», 30 de septiembre de 1495, f. 80v; «que trayga testimonio de cómo con justa causa no ha traydo su mujer», 16 de octubre de 1495, f. 81r.

adquirir la condición de repoblador casando a uno de los hijos, y no por medio del enlace propio[79].

Todo nuevo vecino recién llegado debía pasar por el cabildo ante el alcaide y otros miembros del gobierno municipal, en un acto que era recogido por escrito por el escribano del concejo, por el cual se daba conocimiento público de su establecimiento en la ciudad y por el que se fijaba el compromiso de permanecer en la misma durante «quatro años e un día segund costumbre», bajo sanción económica si no lo cumplía, y presentando algún fiador, posiblemente un vecino ya conocido que sirviese de aval a sus intenciones[80]. Por lo general, se vuelve a reiterar que se debía acudir junto a una mujer o comprometerse a casarse pronto. Por tanto, el poder local iba admitiendo a nuevos vecinos previendo que en un futuro inmediato, ya asentados, terminarían por cumplir con lo estipulado. En caso contrario, el propio ayuntamiento se encargaba de llamar la atención a aquellos vecinos que aún no habían traído mujer, pidiendo las explicaciones oportunas al solicitar una pronta y válida justificación para no hacerlo, además de instar a presentarse con ella de forma definitiva en el corto plazo de poco más de un mes, si no querían perder la vecindad concedida[81].

También sucede que terminado ya el proceso de repartimiento, algunas familias que sí habían cumplido con todos los requisitos mínimos no habían recibido los lotes de tierra prometidos, por

---

[79] «La çibdad respondió que non avía logar», AHMA, AACC, 28 de febrero de 1494, f. 9r.

[80] Así se comprueba para el año 1486 en AHMA, FPN, C-49, f. 72r.

[81] «… que los vecinos que están avezindados y no han traydo sus mugeres, que sean obligados a traellas de [a]quí [a] año nuevo, so pena que les quitaran los ganados que les hallaren», AHMA, AACC, 27 de noviembre de 1495, f. 84v.

lo que tuvieron que reclamar aquellos terrenos con el objetivo de poderlos trabajar y ponerlos en cultivo: «Vezinos que residen con mugeres y cassas pobladas que piden solares e montes para hazer roças e para poner heredades»[82].

Otra opción para el posible establecimiento de nuevas vecinas, al menos de forma temporal, se pudo producir mediante la llegada a Antequera de otro tipo de mujeres, representadas por las homicidas, denominadas así por haber cometido algún crimen. Esto era posible gracias al privilegio de homicianos que fue concedido a la ciudad en 1448, por el cual se podía acudir a este lugar fronterizo para realizar algún tipo de servicio relacionado con la defensa del lugar frente al enemigo nazarí a cambio de saldar su deuda penal, aunque no se ha hallado ningún caso concreto de mujeres en esta situación. El documento que recoge este privilegio señala que, al menos de forma teórica, sí existía tal posibilidad: «Que todos los omes e mugeres de cualquier estado o condiçión que sean a la dicha çibdad de Antequera fueren poblar e morar e en ella estuvieren por sus personas a su costa e misión un año e un día que sean quitos e perdonados de qualquier muerte o muertes»[83]. En principio, el texto no indica distinción alguna entre tareas que realizar por cuestión de sexo, pero hay que anotar que, por lo general, no eran personas que vinieran a establecerse de forma definitiva al llegar, sino que solían tener la intención de regresar a sus lugares de origen una vez cumplido el tiempo estipulado.

---

[82] AHMA, *LRA*, f. 238r.
[83] AHMA, *LDR*, f. 15r.

En relación con ese tipo de tareas relacionadas con la defensa de la ciudad, la tradición recogida por la historiografía local señala que el tercer alcaide antequerano, Fernando de Narváez (1437-1472), tuvo que armar a las mujeres para que pareciese que la población estaba bien defendida frente a una ofensiva musulmana[84]. Se trata de un relato que rápidamente trae a la mente otro de similares características, como el conocido en torno a la defensa de Teodomiro, leyenda de origen árabe[85], pero que tiene que ver más con la situación subsidiaria de la mujer, que podía sustituir en los momentos necesarios al varón en las tareas defensivas[86].

De igual modo que se producía el asentamiento de una unidad familiar, también existen casos de expulsión de la ciudad. Así sucede cuando se contravenían las normas o se dañaban los intereses de los vecinos, llevando al cabildo a prescribir en una ocasión que un vecino «se vaya con su muger e fazienda de esta çibdad e sus términos e no entre en ellos» y en otra a otro veci-

---

[84] «… pareciéndoles [a los moros] que en Antequera había poca gente (por la mucha que era muerta) para defenderla y que el Alcaide era muerto entre los demás, la cercaron por todas partes […]. Tomó [el alcaide] por último remedio, que las mujeres no acostumbradas, no nacidas para las armas, se armasen y pusiesen a punto de guerra, representándose en lo alto y descubierto de las torres», García de Yegros, 1915 [1609], pp. 159-160.

[85] El conde Teodomiro disfraza de soldados a las mujeres al tiempo de la expansión musulmana por la península tras el 711, hecho similar a episodios anteriores en el tiempo, como la toma árabe de Alejandría, ʿAqraba o Haŷr, según al-Tabarī (s. IX) (Manzano Moreno, 1999, p. 414 y n. 78). El relato es difundido a través de al-Rāzī, siendo recogido por las crónicas bajomedievales y finalmente popularizado en la *Crónica del rey don Rodrigo de Pedro del Corral* (1430), surgiendo leyendas en el siglo XV sobre mujeres disfrazadas de guerreros en diferentes puntos de la península, como la de los Sombreros de Ávila, Dubler, 1962, pp. 117-121. Defensoras se utilizaron también en Mérida por parte de grupos rebeldes al enfrentarse a tropas cordobesas en el siglo IX (Ibn Hayyan, 2001, p. 301).

[86] Martínez Martínez, 2000, pp. 70-71; Escobar Camacho, Nieto, Padilla, 1984, p. 139.

no «que le echaran a él e a su muger e casa de esta çibdad e sus términos, como a persona que perturba el derecho que el dicho término tiene»[87]. Del mismo modo, se advertía que la pena de destierro se llevaría a cabo si se incumplían las medidas tomadas ante el temor de la extensión de algún brote epidémico: «So pena de ser desterrados ellos e sus mugeres e fijos»[88].

En un momento que se puede considerar posterior a la finalización del proceso de repoblación, la documentación puede aportar una foto fija de un determinado barrio de la ciudad, donde se halla viviendo un cierto número de familias asentadas de forma definitiva pasado el tiempo designado para adquirir la vecindad y las propiedades repartidas. Por medio de tal imagen, recogida por un censo realizado en 1517 por el clero en el barrio de San Salvador, situado en torno a la fortaleza medieval, se puede conocer la situación de las mujeres de la localidad. Con tal registro se pretendía averiguar quién cumplía con la obligación pascual de confesarse y comulgar[89]. En el mismo se señalan ciento sesenta y nueve casas habitadas por quinientos cincuenta y tres individuos, con un 50 % de población femenina. Aproximadamente, tres cuartas partes de los hogares estaban formados por al menos un matrimonio, hallándose bajo el mismo techo casos de dos matrimonios conviviendo con vínculos de parentesco (los padres y los hijos casados). Es muy escaso el número de casas en las que no viviera ninguna mujer.

---

[87]   AHMA, AACC, 7 de septiembre de 1495, f. 68v.
[88]   AHMA, AACC, 13 de marzo de 1495, f. 71v.
[89]   Alijo Hidalgo, 1995, pp. 307-333. Las cifras presentadas a continuación difieren ligeramente de las contenidas en este artículo tras haberse revisado el texto original de nuevo: Archivo Histórico Nacional [AHN], Diversos, concejos y ciudades, leg. 27.

Por otro lado, en torno al 5 % de viviendas estaban ocupadas por una mujer sola. Algunas de ellas se señala que son viudas que, por lo general, se encuentran compartiendo su vida con otros familiares (un hijo, una hija, una hermana, un hermano…), fuesen menores o estando casados algunos de ellos, sobre todo en aquellos casos en los que la anciana, por su avanzada edad, debía vivir bajo la protección de unos hijos que habían creado ya su propia familia. También hay mujeres que aparecen compartiendo casa con otras mujeres, sin que exista relación de parentesco conocido entre ellas, como en el ejemplo de esa mujer que convive con «una vecina» o el de otras tres mujeres, *beatas*, generalmente solteras, que por decisión propia desde una vivienda y sin estar vinculadas a ninguna institución religiosa optaban por una vida de independencia personal en busca de la perfección espiritual por medio de la oración y prestando actividades asistenciales a la población[90]. Las únicas mujeres mencionadas con oficio conocido son la partera y la tabernera, mujeres que se hallaban solas y con familia a su cargo. Cuando no se señala el estado civil, se podría pensar que son mujeres solteras, como en el caso de hijas, esclavas y criadas, un numeroso grupo de chicas, aparentemente jóvenes, que aparecen viviendo en hogares dirigidos por un matrimonio. Con relación a ello, se observa cierta preferencia por el género femenino para el trabajo doméstico, dos tercios respecto a criados o esclavos. En total, las casas encabezadas por mujeres suman un número de veintiocho, que consiste en el 16,5 % del total del barrio.

---

[90] Miura Andrades, 1989, pp. 289-302; Pérez González, 2019, pp. 331-333.

A grandes rasgos, la repoblación de la ciudad y tierra de Antequera fue un proceso que en la práctica estuvo abocado al fracaso durante ochenta años y que no se culminó hasta finales del siglo XV, a partir de su última década, mucho después de ser conquistada la ciudad. Esta es la conclusión a la que se puede llegar al conocer el devenir demográfico desarrollado a lo largo de nueve décadas, con momentos en los que se aprecia cierta recuperación del poblamiento y con otros en los que el retroceso en las vecindades es causado por picos de inseguridad y de desabastecimiento. Esos momentos puntuales de recuperación demográfica bien pueden coincidir con nuevos intentos de repartimiento y, por tanto, de atracción de nuevos vecinos hasta el territorio antequerano. Así pudo suceder en torno a 1443, cuando un documento señala que «la dicha çibdad es populosa»[91], lo cual coincide con el segundo proceso de reparto de tierras iniciado en torno a 1438[92]. Otro momento de repunte repoblador pudo producirse tras la conquista de Archidona, cuando el alcaide retoma la labor de repartir lotes de tierra a nuevas familias en la década de 1460[93]. Por contra, el peligro que no cesaba al situarse las tierras antequeranas en zona fronteriza se hace patente en ciertas referencias, como cuando se señala que «esta çibdad se despuebla de cada día acá»[94].

De este modo, los procesos de repartimiento y de repoblación pueden ser vistos desde otra perspectiva. No es hasta que

---

[91] AHMA, *LDR*, f. 10r.
[92] El rey Juan II manda al alcaide de la ciudad que «reparta por los vezinos de ella las tierras que quedan por repartir», AHMA, *LRA*, f. 8v.
[93] Tierras que reciben la confirmación real (AHMA, *LRA*, ff. 53r-54v).
[94] Archivo Municipal de Sevilla, AACC, 10 de octubre de 1470; Rojas Gabriel, 1995, pp. 398-400.

las mujeres logran asentarse de forma definitiva en la zona, sin abandonarla, cuando tales procesos van a tener éxito. Basándose en ello, no pueden ser consideradas como las meras vecinas que representan solo un número que acompaña al sujeto masculino en su asentamiento, sino que su presencia —en gran medida bajo el anonimato más absoluto— debe ser considerada como de verdadero protagonismo.

LAS MUJERES ACCEDEN A LA TIERRA

Un hecho que podría parecer excepcional es el de la mujer con el papel de propietaria de tierras, recibiendo una extensión determinada por medio del repartimiento, pero las circunstancias podían conducir a que esa situación forzada fuera admitida por la administración local, si la ciudad quería obtener éxito en la repoblación. Al mismo tiempo, recibir tierras en primera persona significaba que mujeres, que habían quedado por lo general solas, tenían acceso a una fuente de recursos necesaria para su subsistencia y que podían escapar de una posible situación de pobreza[95]. En el caso de Almería, por ejemplo, el 26 % de las mujeres aparecen como titulares de tierras; nueve de trece reciben un lote por el hecho de haberse quedado viudas durante el proceso, lo que las

---

[95] López Beltrán (2008, pp. 94–105) llama la atención no solo sobre las viudas, sino también sobre las llamadas «viudas virtuales», término acuñado por David Vassberg en *The Village and the Outside World in Golden Age Castile: Mobility and Migration in Everday Life*, de 1996, que aludía a mujeres casadas, pero sin el marido presente. En otros casos, algunas mujeres ocultaban estar casadas para favorecerse del privilegio de estar viudas y quedar como vecinas, como una viuda de Loja que hacía pasar a su marido por su hijo (López Beltrán, 2008, p. 97).

lleva a estar obligadas a cultivarlas y defenderlas con ayuda de algún pariente[96].

En Antequera, uno de los medios por los que las mujeres reciben tierras es a través de mercedes reales, concedidas por los reyes en agradecimiento por los servicios prestados por algún varón de su familia: «Acatando los serviçios que el dicho su marido nos hiço e que murió en nuestro serviçio en la guerra de los moros». Por ello acudían a la ciudad reclamando la entrega de lo prometido. Así, tenían una clara posibilidad de convertirse en legítimas propietarias de tierras «como de cossa suya propia»[97]. Otra cuestión sería poder tomar posesión de las mismas, cuando, en ocasiones, se hallaban ocupadas por otros vecinos ante la prolongada ausencia de su legítima dueña («estubo despojada de ellas a causa de algunos que en el dicho partido estaban») o se trataba de zonas donde se habían producido de forma ilícita «conpras e ventas muchas»[98]. Otras veces, el propio poder local tardaba en ejecutar tal reparto: «Pusistes dilaçión y no la distes las dichas yubadas de tierras […] luego beais la dicha çédula y la cumplais en todo sin dilaçión, por manera que […] no tenga razón de se quexar»[99]. Y en otras se dice que «no se aprobechan de ellas en lo qual diz que an reçivido agravio» o «las tenían perdidas», debido a que ciertas tierras quedaban fuera de los límites de la ciudad ante las disputas de términos que enfrentaron a Antequera con diferentes localidades[100] o porque habían cambiado de destino

---

[96]   Segura Graíño, 1990, pp. 99-102.
[97]   AHMA, *LRA*, ff. 83r, 83v y 85v.
[98]   AHMA, *LRA*, ff. 112v y 119v.
[99]   AHMA, *LRA*, 84r.
[100]   Por ejemplo, respecto a Málaga al sur, respecto a Estepa al noroeste o respecto a Archidona al este de la ciudad (AHMA, *LRA*, ff. 11v, 52v, 98r y 120v).

para convertirse en espacios ganaderos «se le quitó çierta parte que quedó amoxonada para la dehesa»[101]. Las irregularidades cometidas durante el largo proceso de repartimiento de tierras afectaron sin duda al reparto final, cuando ciertos lotes se habían dado «de palabra» o cuando no se había dejado por escrito constancia de determinadas concesiones[102]. Todo ello perjudicaba a las nuevas vecinas en su intención de quedarse con lo que sobre el papel era suyo y de este modo poder asentarse en las tierras de Antequera.

NOMBRE	FECHA	Tierra concedida	Folios	Destino
María Ruiz	20/2/1492	3 cavallerías	85v–86r	Vado de las Carretas y Fuente de la Zarza
La de Hernando Alonso, María Ruiz, La Vallestera	8/3/1492	4 yubadas	83v y 119v	Rincón de Herrera
Isabel de Tuesta	20/3/1492	5 cavallerías	83rv	Alameda Blanca
Juana Rodríguez	7/4/1492	4 yubadas	84rv	
Beatriz de Zayas	4/6/1492	4 cavallerías	72v–73r	Para ayuda de casamiento
Hermana del regidor Pero González de Ocón	22/5/1493	5 yubadas		Para ayuda de casamiento

Mercedes reales concedidas a mujeres por los Reyes Católicos tras la guerra de Granada. Fuente: AHMA, LRA. Elaboración propia.

---

[101] AHMA, *LRA*, f. 109r.

[102] AHMA, *LRA*, ff. 112v y 197r. El reformador Juan Alonso Serrano así lo reconoce: «no dexé escritas».

Por otro lado, cuando se produce el definitivo reparto de tierras en la última década del siglo XV, proceso que se conoce como reformación, determinadas mujeres reclaman como verdaderas propietarias, después de haber transcurrido cierto tiempo, ciertas posesiones en calidad de herederas de aquellos lotes que en algún momento años atrás fueron concedidos por repartimiento a un hombre de su familia, como el abuelo[103], el hermano[104], el marido[105] o, mayormente, el padre, como en los casos de Catalina Martín, que poseía «una haça de tierras»[106]; de Teresa Rodríguez, con «çierto pedaço de tierras […] las quales a ella perteneçían las dichas quales tierras»[107]; o de las mujeres anónimas que aparecen como «la hija de»[108].

Algunas de ellas están registradas como vecinas a finales del siglo XV, pero otras, como la mencionada Teresa o Mencía González, eran mujeres que no residían entonces en Antequera, sino en localidades no muy lejanas, como Osuna en la provincia de Sevilla. Todas ellas, viviesen o no en la ciudad, tenían en su poder cierta prueba escrita en forma de título de tierras que evocan a repartimientos realizados décadas atrás, hasta cincuenta años antes, de los que se habían beneficiado alguno de sus familiares[109].

---

[103]   «Quedaron de su padre y abuelo», AHMA, *LRA*, f. 11v.

[104]   «Dichas tierras dixo que le perteneçían por fin e muerte de […] su hermano», AHMA, *LRA*, ff. 48rv.

[105]   «Que del dicho su marido le quedaron», «las quales oy posee su mujer»; «lo eredó su mujer», AHMA, *LRA*, ff. 83v, 117r y 112r.

[106]   AHMA, AACC, f. 56r.

[107]   AHMA, *LRA*, ff. 49r–50r.

[108]   Como en AHMA, *LRA*, ff. 12v y 102v. En el ejemplo de Marina Flores, no queda claro si Martín de Flores era su padre o tal vez su marido, dos nombres que aparecen con la misma parcela de tierras (AHMA, *LRA*, ff. 131v y 211v).

[109]   «La çibdad mandó que muestre título de lo que dize», AHMA, AACC, f. 56v.

Dicha información era comprobada revisando los libros en los que estuviese registrada la cantidad de tierras concedidas antaño y era de extrema utilidad para actualizar la información que se conocía sobre las mismas[110].

Justo después de terminar la guerra de Granada en el mismo año de 1492 es cuando comienzan a llegar a Antequera mujeres que piden lo prometido por los Reyes Católicos, pasado ya el peligro de una frontera que ya había desaparecido. Sin embargo, hasta que el proceso de reformación no se inicia de forma efectiva pocos años más tarde, el plazo de entrega de tierras se fue dilatando por parte del poder municipal de forma incomprensible para las interesadas, lo que llevaba en algún caso a reclamar inmediatamente las tierras a la Corona. Esto les posibilitaba tener en sus manos algún tipo de documento que contase con el sello real como garantía de que el reparto se tenía que producir pronto, instando a las autoridades locales a acelerar el proceso[111]. Cuando la demanda respectiva llega a manos municipales, algunas vecinas la presentan de forma directa en primera persona, en su propio nombre —como Mencía, que «pareció presente»— y otras por medio de su marido como su representante, «en nombre de su mujer» o «por su mujer». Dicha representación debía ser demostrada de forma documental mediante un permiso por escrito firmado por ella para que el hombre pudiese actuar en su nombre: «Por virtud de un poder […] él a venido a tomar la posesión de las dichas tierras»[112]. En uno de los ejemplos que se

---

[110] Se cita al «libro biejo del repartimiento» en AHMA, *LRA*, f. 12v.

[111] «Nos es hecha relación que en cunplimiento de la dicha nuestra cédula pusistes dilaçión y no la distes las dichas yubadas de tierras», AHMA, *LRA*, ff. 83v-84v.

[112] AHMA, *LRA*, ff. 12v, 49v, 51r y 127r.

registran en las actas capitulares, un grupo de mujeres presentan juntas un escrito ante el gobierno municipal como herederas de su abuelo, una representada por su marido y las otras, viudas, haciéndolo en nombre propio[113]. En otro caso, un marido acude al cabildo para reclamar «que le mandasen entregar sus bienes que le pertenesçían a la dicha su mujer». En una y en otra situación, el ayuntamiento se declara incompetente para resolver tales peticiones e insta siempre a acudir a una justicia superior[114].

Como se comprueba, estando estas mujeres casadas, a pesar de producirse la unión con su marido, siguen siendo ellas las propietarias de sus tierras, aunque desde una posición subsidiaria, ya que lo son después de faltar el padre, por ejemplo. El esposo, por su parte, es el encargado de gestionar los bienes de su mujer en su nombre, y así aparecen los maridos en los fragmentos señalados con el papel de gestores de unas determinadas propiedades[115]. De este modo, se muestran diversas referencias en las que ellos poseen las tierras «por sus mujeres»[116]. A falta de marido, surge otro varón, un hijo que se presenta en nombre de la madre, viuda ya. En este último caso es difícil de discernir las circunstancias por las que esta mujer no gestiona sus propiedades de forma directa, tal vez por la mayoría de edad del descendiente, mostrándose como el nuevo cabeza de familia que interviene «por su madre»[117].

---

[113] Se trata de las viudas Mencía Ruiz y María González, y de Catalina Fernández, representada por su propio marido (AHMA, AACC, ff. 52v-53v).

[114] «La çibdad respondió que non son juezes, que lo pida ordinariamente e que le harán justicia, si la tuviere», AHMA, AACC, 13 de mayo de 1494, f. 15v.

[115] Como le sucede a Ana de Acosta (AHMA, *LRA*, f. 132v).

[116] AHMA, *LRA*, f. 109r. En una ocasión se especifica que la tierra la posee el marido «por erençia de su suegro» (f. 134r).

[117] Son varios los ejemplos: AHMA, *LRA*, ff. 114v, 120r, 124r y 135r.

Sin embargo, la mayoría de los ejemplos que emergen en el repartimiento con un papel abiertamente protagonista a la hora de adquirir lotes de tierra de forma directa son mujeres solas. Su participación durante el proceso queda registrada durante la mencionada reformación, algunas de ellas de forma clara en su condición de viudas al quedar identificadas junto al nombre de sus maridos. Todas cuando llegan a la ciudad reciben la misma cantidad de tierras que los hombres del mismo estatus social, esto es, en calidad de «muger de caballero» o de «muger de peón». De este modo, aparecen como vecinas de pleno derecho, como cabezas visibles de su unidad familiar al serle entregado un determinado lote de tierra a cada una de ellas «por su vecindad» o «para su vecindad»[118].

Hay que señalar que esta básica división socio-militar en la que se basa el mismo proceso de reparto de tierras arrastra las diferencias sociales por estamentos del mundo feudal y es usada para realizar los lotes a distribuir, cuando a los beneficiarios se les divide en peones y caballeros. De ahí que las parcelas a repartir queden como peonías y caballerías, asignando a cada grupo una extensión de tierra diferente. Así, y solo haciendo referencia a las mujeres propietarias, se observa que el repartimiento fija una clara diferencia entre ellas al clasificarlas en esas dos categorías distintas. En números, se halla que del total de mujeres, cincuenta y dos se sitúan al nivel de caballeros y cuarenta y seis a nivel de peones. Este aparente equilibrio social puede estar reflejando la situación que aún a finales del siglo XV se estuvo viviendo en la

---

[118]   En distintos pasajes del documento aparecen mujeres solas con adjudicación de tierras en primera persona, como AHMA, *LRA*, ff. 125rv, 135r, 203v o 205r.

ciudad con una destacada presencia de caballeros y que entonces se comenzaba a revertir con la llegada de nuevas familias, en su mayoría peones.

Al estamento superior y privilegiado que forman los caballeros pertenecen todos los hombres que ocupan o pueden ocupar los cargos de gobierno y administrativos de la ciudad. En la nómina de candidatos realizada a inicios de cada año para proceder a la elección de determinados puestos (mayordomo, alcalde, alcalde del agua) no aparece ninguna mujer[119]. Las mujeres, a pesar de pertenecer a esta parte poderosa de la vecindad, tenían la puerta cerrada a participar en las funciones rectoras de la localidad. En el caso concreto de Antequera, su extrema situación fronteriza hizo que desde los primeros intentos de repoblar Antequera, el grupo de caballeros, de sangre y con la obligación de mantener armas y caballo, formase un núcleo importante de la población local. Esta situación se verá revertida desde finales del siglo XV y a inicios del siglo XVI, cuando la gente del común represente la gran mayoría de los vecinos[120].

El perfil social que hemos trazado está ciertamente polarizado, pero hay que advertir que en cada grupo existían diferencias, si se pone el foco en la cantidad de tierras adquiridas. Por ello, se podría distinguir entre grandes, medianas y pequeñas propietarias en cada uno de los grandes grupos sociales. De las cuarenta y seis pequeñas propietarias, por ser «mujer de peón», solo podemos distinguir dos grupos: aquellas que poseían 7 fanegas (catorce) y aquellas que poseían 10,5 fanegas, que equivalían a un cuarto de

---

[119] «Copia de los cavalleros fidalgos e de sangre», AHMA, AACC, ff. 43 y ss.
[120] Pérez Gallego, 1992, p. 59. El 80 % de los vecinos formaría el sector del común o pueblo llano.

yubada (treinta y dos), para un total de 91 fanegas para las primeras y 346,5 para las segundas, sumando entre todas 437,5 fanegas[121].

Algo más complejo es el grupo de las privilegiadas, en el que se aprecian grandes diferencias entre unas y otras vecinas, formando el grupo de grandes y medianas propietarias. No se tienen datos de catorce mujeres de caballero. Tal distorsión refleja la variada evolución que las tierras repartidas vivieron desde inicios del siglo XV hasta finales del mismo, tras varios momentos de reparto, con acumulados cambios de manos, generalmente por herencia, aunque también se advierten procesos de compraventa. Un tercio de las mismas posee en torno a 28 fanegas cada una, lo que significa cuatro veces más y más del doble que los dos grupos de mujeres de peón.

Mientras algunas de las mujeres de caballero aparecen en el documento del repartimiento con la confirmación de las tierras ya repartidas en procesos anteriores, la totalidad de las mujeres de peones reciben los nuevos lotes en el último proceso, el de reformación de la última década del siglo XV, por lo tanto representan familias que no habían poseído tierras antes de ese momento. Ello hay que relacionarlo con el hecho de que la mayoría de los nuevos grupos de pobladores y pobladoras que llegaban a la ciudad pertenecían sobre todo a este segundo sector social.

Como se ha dicho, un sector importante de las mujeres a las que se les entrega un lote de tierras es el de las viudas. Estas concesiones quedan enmarcadas en un contexto de necesidad,

---

[121] Las equivalencias que da el propio documento son: 60 aranzadas por cada yubada; 42 fanegas por yubada (AHMA, *LRA*, ff. 89r y 106v). En el Catastro de Ensenada del siglo XVIII se señala que 1 fanega es de 572 estadales (0,639 ha) y la aranzada era de 400 estadales (0,447 ha) (Fernández Paradas, 2004, p. 345).

mostrándose vitales para la subsistencia de estas vecinas, sea por merced o por donación, y como apoyo a la reconstrucción de sus vidas y de sus familias, necesaria para el éxito de un proceso que intentaba fijar nueva y más población en la ciudad. Así lo expresa la propia documentación: «Para ayuda a su sustentamiento suyo y de sus hijos»; «para que sean suyas e de sus hijos […] como de cossa suya propia»; «para ayuda a su sustentamiento e de un hijo suyo que le quedó del dicho marido»[122].

Ciertas dudas comenzaron a surgir en Antequera en torno a 1496 con relación al estado civil de determinadas mujeres, hasta el punto de que el poder local toma la iniciativa de realizar cierto control, cuando se pide a algunas vecinas que aclarasen en el plazo de una semana si eran viudas o no para poderse beneficiar del reparto de tierras, aclarando de quiénes fueron mujeres[123]. Para ello era clave que siempre quedasen vinculadas al nombre del marido difunto, algo que ayudaba a clarificar el devenir particular de estas mujeres que podía haber cambiado desde que llegaron a la ciudad. En líneas generales, se quería comprobar si realmente habían vivido cierto tiempo en la localidad o, por el contrario, si habían seguido viviendo en sus lugares de origen sin haber podido o querido pisar las nuevas tierras a las que sí se habían trasladado sus maridos tiempo atrás como nuevos vecinos. Terminada la guerra de Granada, ya en ese final de siglo XV, es cuando aparecen las mujeres como verdaderas propietarias ante

---

[122] AHMA, *LRA*, ff. 85v, 83v y 83r. También «para ella e para sus hijos», f. 97v.
[123] «Que las viudas que se vengan a declarar para que se asienten cuyas mugeres fueron e otra cossa si se les a de preguntar», AHMA, *LRA*, f. 7v. Pocas semanas después se volvió a llamar para su registro a «todas las biudas que fueron cassadas con naturales», f. 8r.

la ausencia del hombre por fallecimiento, reconocidas de pleno derecho como tales, sin necesidad de ser tuteladas por ningún familiar, a lo sumo ser representadas, por ejemplo, por algún hermano por encontrarse ella fuera de Antequera. De este modo, se puede observar que durante el largo proceso de repartimiento ellas siempre han estado ahí —antes casadas, ahora viudas—, siendo en esos momentos de finales de siglo cuando se alzan como protagonistas en primera persona de la repoblación y del repartimiento.

A pesar de que la viudedad otorgaba más capacidad e independencia para gestionar el patrimonio propio, como se demuestra cuando una vecina viuda pide dinero prestado a un jurado de la ciudad[124], algunas mujeres para asegurar su supervivencia optaban por unas segundas nupcias. Casarse de nuevo con hombres de igual estatus, como en el ámbito de caballeros, regidores y jurados, llevaba a que los nuevos maridos pasaran a administrar las tierras que sus esposas traían fruto de su anterior matrimonio y que serán heredadas posteriormente por los hijos o hijastros de ambos, como en los varios ejemplos que se detectan en el *Libro de repartimientos*[125].

La condición de viuda parece que también es la de aquellas mujeres con hijos que son mencionadas en un padrón recogido en las actas capitulares de la ciudad, que se halla incompleto por falta de algún folio, y que se preparó con relación al pago y al servicio

---

[124] Así lo hizo Leonor Marín en 1486, que «deve dar e pagar […] maravedís que otorgó e reçibió de él», AHMA, FPN, C-49, f. 67r.
[125] «Muger que diz que fue primer del dicho Juan de la Torre», AHMA, *LRA*, f. 15v; «el dicho alcaide […] cassó con muger biuda e muger que fue de [en blanco: el jurado Gonzalo de Sevilla], e dexó a dos alnados las dichas tierras», f. 114v; «muger [de Juan de Pedrosa], que agora es de Alonso de Córdoba», ff. 117r y 127r.

que los vecinos de la tierra de Sevilla —a la cual por entonces pertenecía Antequera— debían prestar con sus armas para la defensa y seguridad del reino formando parte de la Hermandad[126]. El padrón definitivo fue terminado en 1496, el cual serviría para elegir a quienes iban a estar al servicio de los Reyes, uno de cada doce vecinos registrados, sin contar «las mugeres biudas que no tienen fijos ni criados de tal calidad que puedan ser nonbrados para el dicho serviçio»[127]. De los poco más de trescientos nombres que se conservan en el documento como vecinos de armas menores (ninguna mujer es mencionada dentro de los grupos de «armas mayores» y «armas medianas»), se registran diez mujeres, todas viudas, aclarando el documento que se hallan recogidas en el listado «por su fijo» o por su «yerno». Su presencia en el mismo se debe a su condición de cabezas de familia, de verdaderas jefas del hogar, en nombre de quienes pueden ser elegidos para formar parte de tal cuerpo de seguridad, los varones. Algunas aparecen con su propio nombre, otras son identificadas por medio del nombre y apellidos del marido difunto, que es el que textualmente es mencionado en el registro que se realiza[128].

---

[126] Un primer «padrón de todos los vezinos […] que en ellas biven e moran» (AHMA, AACC, f. 73r) se confecciona con relación al pago a realizar para los gastos de la Hermandad, aunque finalmente fue mandado quemar por el cabildo: «… fue acordado por los regidores e justiçia […] que fuese quemado el dicho padrón, lo qual se fizo así en presençia de nos, los dichos escrivanos», AHMA, AACC, 5 de enero de 1496, f. 94r.

[127] AHMA, AACC, 16 de abril de 1496, ff. 112v-113r.

[128] Aparecen de esta manera: «Alonso Ruys, fijo de la de Pero Ruys», «La de Martín de Antequera, que era por su fijo», «Miguel Sanches, yerno de la Palomina», «Gonzalo García, yerno de Marina Rodrigues», «La de Pero Padre, su fijo», «La del Valle, por su fijo», «La de Alonso Sanches, espadador, por su fijo», «La de Antón de los Omizanos, por su fijo», «Ynés Martín, por su fijo», «La de Juan García Pies de Liebre, por su fijo», AHMA, AACC, 16 de abril de 1496, ff. 115r-116r.

En general, por medio de los diversos ejemplos que se han señalado, se puede advertir esa sensación de continuo peligro que durante todo el siglo XV se vivió en este lugar de frontera, lo cual se refleja en los textos ante la pérdida para una familia de la figura masculina: «murió en nuestro serviçio en la guerra de los moros», «lo mataron los moros» o «murió que lo mataron los moros»[129]. Esta situación hacía que la mujer, sola o con hijos, no se atreviese a instalarse en la zona, o que la abandonase si con más o menos dificultad o convencimiento, en el mejor de los casos, había logrado asentarse en Antequera, aunque fuese por un breve tiempo. Son esas mujeres y vecinas las que más han sufrido tales circunstancias de riesgo, algo que se puede leer en frases del estilo de «en maridos e hijos perdieron mucho»[130]. Es con el paso de las décadas cuando ellas mismas parecen querer recuperar tierras concedidas legítimamente y con ello asentarse como vecinas ya a finales del XV. Algunas veces es el hombre el que parece llegar a la ciudad solo, pero en otras se advierte que la mujer es la que se arrepiente y abandona el lugar en algún momento del pasado: «Fuese su muger y hijo más a de quarenta annos e no vinieron, ni residieron ni tubieron las tierras»[131]. Este tipo de expresiones que aparecen en los repartimientos reflejan esa posibilidad de que por inseguridad las esposas decidieran marcharse, dejando al marido solo o después de producirse la pérdida del hombre, lo que denota una coyuntural ruptura de la unidad familiar[132].

---

[129] AHMA, *LRA*, ff. 56r, 83v, 85v, 139v.

[130] Archivo de la Catedral de Málaga, leg. 63, n.º 60, ff. 2rv.

[131] Son varios los casos en los que se sabe que «se fue», «no residen», «se fueron», «pareçe que no reside», «fuese» o «se fue e no reside» (AHMA, *LRA*, ff. 139v, 140r, 210v-211v).

[132] López Beltrán, 2013, p. 123.

El regreso de ellas o de sus hijos se topa a veces con el hecho de que sus tierras habían sido adquiridas por otros vecinos, de forma ilegítima o mal vendidas a bajo precio al aprovecharse la circunstancia de no hallarse *in situ* sus primeros propietarios[133].

A modo de resumen, se podría afirmar que, independientemente de las circunstancias particulares, el ideal de subsistencia movió a todas esas mujeres a querer retener las tierras que eran propiamente suyas, las cuales daban la posibilidad mediante su explotación de obtener recursos con los que alimentarse o con los que acudir al mercado en caso de excedente, sin olvidar que también podían obtener determinadas rentas por ellas, si algún vecino optaba a trabajarlas en su lugar. Como se ha podido comprobar, las mujeres son propietarias en primera persona y por ello tienen la capacidad de heredar, comprar o vender, en alguna ocasión mediante la intermediación de un hombre de la familia. Ejemplo de ello es la declaración de un vecino sobre cierta parte de sus tierras que le pertenecía «por compra de su mujer», de la que no se conoce su nombre[134]. Son ellas las poseedoras al fin y al cabo, y así se aprecia cuando se dice en varios ejemplos expresamente que «ella tiene» cierta propiedad[135]. De entre todas ellas, son las viudas las que aparecen actuando generalmente solas, en su nombre propio y en ocasiones en nombre de sus hijos. Son, a todas luces, las que encabezan la unidad familiar que forman, como se refleja cuando se realiza algún tipo de registro en el que

---

[133] «... era de Pedro García de Luque a quien la dio el alcaide [...] las compró el dicho Antón de Torres [...] [a] poco preçio, porque las obo no podía quedar con ellas ni el hijo vendellas por el ausençia...», AHMA, *LRA*, f. 139v.

[134] AHMA, *LRA*, f. 15v.

[135] Por ejemplo en AHMA, AACC, 6 de marzo de 1495, f. 56v.

se anota el nombre de los vecinos —y vecinas— de la ciudad. Por otro lado, en ningún momento se observa que por ser mujer ellas reciban menos cantidad de tierra que un hombre cuando pertenecen a la misma categoría social.

Sin embargo, el cierre del proceso de repartimiento o de reformación del mismo no acabó con la necesidad de nuevas tierras de cultivo. La llegada de más y más vecinos no cesó en la primera década del siglo XVI, por lo que el gobierno municipal se vio obligado a iniciar una nueva distribución de terrenos con la intención de que los nuevos habitantes, incluyendo a algunas mujeres, tuviesen tierras con las que trabajar y así subsistir: «Señalose […] monte çerrado para roçar y hazer tierras de labor»[136].

MUJERES CON NOMBRE PROPIO

Es en los repartimientos donde se comprueba cómo las mujeres acceden a la propiedad de la tierra, a ser propietarias, por sí solas o recibiéndolas como descendientes directas de los hombres de los que habían dependido. Los documentos en ningún momento, como se ha visto, las muestran accediendo a la tierra en las primeras fases del proceso, sino que surgen en esa etapa final de la reformación, como herederas legítimas de quienes obtuvieron tierras en su tiempo. En algunos casos aparecen con propia identidad; en otros lo hacen sin nombre. A pesar de que es algo común a todo proceso de repoblación que las mujeres son imprescindibles, muchas de ellas son desconocidas, no son

---

[136] Así le sucede a Leonor Gómez ya iniciado el siglo XVI (AHMA, *LRA*, f. 239v).

mencionadas en los textos, sino que son identificadas de forma muy generalizada.

Es más, en los documentos sobre el tema, tal vez lastrados por la centralidad del elemento masculino en los textos, la parte femenina queda olvidada bajo un total anonimato, sobre todo cuando las mujeres se hallan en relación con una determinada figura masculina, incluso si esta ya no existe, haciéndose referencia a «hija de», «mujer de» o «viuda de»; por tanto, mujeres que se sitúan detrás de un hombre. Se trata de un rasgo de la mentalidad del momento que se ha ido arrastrando hasta la actualidad por medio de una historiografía que se podría tildar de tradicional, para la que la mujer no era el auténtico sujeto de su propio proceso histórico. Dicho anonimato es el símbolo expresivo por el que no nombrar a la mujer, no darle presencia propia, como individuo, es la mejor fórmula de no dotarla de independencia y es señal de subordinación, en el momento en el que se tiene intención de registrar tal o cual familia[137].

Mayor es el protagonismo de la mujer en el momento en el que falta el varón, cuando, como se ha comprobado, aparece ella al frente de la familia y de la propiedad. Se trataba de instalar familias, de nuevos vecinos, de nuevas vecinas, sin importar en principio quién fuera cabeza de las mismas, porque a pesar de que generalmente eran hombres, ante la ausencia de estos, eran las mujeres las que se iban a convertir en la primera figura familiar[138].

A la altura de la presente investigación no hay duda de que la aportación femenina a nivel cuantitativo y cualitativo fue

---

[137] Martínez Martínez, 2000, p. 41.
[138] Martínez Martínez, 2000, p. 76.

destacada. En la edición del *Libro de repartimientos* ha sido difícil rastrear su presencia. En el índice onomástico que se realizó para el documento histórico publicado en 1983, solo se recogen las que tienen nombre y apellidos, ignorando la existencia de otras mujeres. Un primer y significativo ejemplo es lo que sucede con la hija de los Reyes Católicos, Juana de Castilla, que es citada como «la archiduquesa, mi mui cara e muy amada hija[139]», pero que no es recogida en el índice al final del libro. Así, del mismo modo, ocurre también con el resto de mujeres consideradas anónimas, cuya entidad únicamente es conocida porque están presentes en el texto gracias a quedar vinculadas a un nombre masculino. Además de ello, en los casos en los que hay mujeres que sí son señaladas con nombre y apellidos, se comprueba por medio de una atenta lectura del documento que ellas tienen mayor presencia a lo largo de este que lo que refleja el listado de nombres de persona[140]. Esto lleva a advertir que la situación de tales mujeres pueda definirse como doblemente silenciadas, por tanto, quedando arrebatadas más aún de su protagonismo histórico. Por un lado, lo son por el propio manuscrito del siglo XV y, por otro, por la historiografía que ha manejado tal fuente primaria.

En los repartimientos antequeranos para su identificación se recogen distintas maneras de nombrar a las mujeres. La mitad de las mismas son conocidas por su nombre y apellido. De estas, la mayoría no solo aparece con su nombre, sino también junto a su

---

[139] AHMA, *LRA*, f. 56r.

[140] Así sucede con María Ruiz, que es registrada en el índice en dos ocasiones, pero que en el documento hace su aparición otras tres veces más en distintos pasajes del mismo. Además, hay que señalar que aunque con tal nombre el índice solo identifica a una sola mujer, se puede distinguir hasta otras tres mujeres con el mismo apelativo que no han sido tenidas en cuenta.

relación de parentesco con un hombre, generalmente su marido. Las mujeres sin nombre alguno, anónimas y, por tanto, que no son recogidas por el índice de la edición del texto, ascienden prácticamente al 40 % de los casos, las cuales pueden ser identificadas gracias a su vinculación con una figura masculina (mujer, hija, sobrina, madre o «hermana de») con la que son señaladas en el documento. Finalmente, sin nombre de pila, siendo solo conocidas por un apodo, son casi el 10 % de los ejemplos, de los cuales en la mitad de ellos se alude a un oficio, del que se desconoce ciertamente si corresponde al propio ejercido por la mujer o al del marido[141].

Durante el proceso de investigación llevado a cabo, pronto llamó la atención que cuando era de esperar encontrar a un hombre en el texto del repartimiento, tras la consulta del listado onomástico y mediante la lectura de distintos fragmentos, la realidad era otra. La información que iba aportando el documento no hacía referencia a ese hombre en concreto, sino a una mujer, en principio desconocida, de la que no se tenía constancia inicialmente, debido a que esta no aparece señalada en ningún lugar dentro del índice. Es lo que sucede con Antón Ruiz Mancha, Juan de Guadalupe, Pascual Ruiz, Pedro Juárez, Juan de Argamasilla, Lázaro Moreno, Gonzalo de Aguilar, Plasencia, Hernando Alonso o Juan Izquierdo. Todos ellos siempre acaban apareciendo en el texto en referencia a una figura femenina, su mujer, su hermana o su hija, por lo que la información que desprende en esos casos el documento se refiere a datos sobre una mujer determinada,

---

[141] Martínez Martínez, 2000, pp. 38-39. En Murcia, con más del doble de mujeres registradas que en Antequera, son identificadas con una mayor variedad de formas para nombrarlas.

nunca sobre el hombre recogido por su nombre propio; eso sí, una mujer sin nombre, anónima. De este modo solo se puede acceder a los pormenores de tal o cual mujer tomando como soporte un nombre masculino. Ocurre lo mismo con la única vez que se menciona a determinados hombres, cuando son sus mujeres o sus hijas las que aparecen en el texto, esta vez sí, siendo mujeres con nombre propio[142].

Por lo tanto, se puede concluir que la información que se conoce sobre diversas mujeres es mayor de la que previamente parecía, llegando a tener más noticias sobre sus vidas que sobre las de los propios hombres, de los cuales, en más de una veintena, solo se puede atestiguar su nombre y poco más. Cuando parece que se espera conocer a un hombre, el papel que ha tenido en el pasado, en realidad lo que se llega a encontrar es a una mujer como protagonista viva de un momento temporal concreto. Por ello, se puede hablar sin lugar a dudas de ese doble silencio, primero explicado por la situación y la mentalidad social y cultural de la época, como queda reflejado en los documentos; y segundo, por el empleo de cierta metodología de trabajo que acaba por ignorar la presencia de las mujeres, a pesar de que al fin y al cabo los datos las muestran como auténticas protagonistas, en este caso del propio proceso de repartimiento, al mismo nivel que los hombres como verdaderas beneficiarias. Es entonces cuando su papel secundario desaparece, no se le niega a una mujer un lote de tierras por ser precisamente mujer, sino todo lo contrario, hasta

---

[142] Casos de Juan Escribano, Sancho Navarro, Alonso de Osuna, Antón Villalón, Alonso Montesino, Pedro del Álamo, Juan Camero, Ruiz Camacho, Pedro Álvarez, Hernán Alonso Santisidro, Cristóbal de Lucena, Alfonso Felipe, Pedro de Baena, Diego Sánchez de Carmona, Juan de Palomeque, López de Ocaña.

el punto de quedar equiparada así al hombre como válida cabeza de familia ante la necesidad de tener explotadas unas tierras y de garantizar el poblamiento del territorio. De ahí que, por medio de su presencia, más o menos velada, se pueda comprobar que la importancia de la mujer en la colonización de la tierra de Antequera se basa en la capacidad de la misma de heredar propiedades y de actuar como propietaria[143].

A todos los ejemplos de esas mujeres «omitidas» habría que sumar el único que no solo aparece de forma absolutamente anónima, sin nombre ni apodo, sino que parece que tampoco se la quiera relacionar con ninguna figura masculina conocida que la pueda identificar. Este caso llamativo se refiere a una vecina que, por falta de claridad en el texto, no se puede saber si pudo ser propietaria de primera mano tras el reparto o por medio de un hombre por herencia. Este pudo ser tal vez Diego de Vadillo, del que se sabe que recibió una determinada parcela, pero que nunca llegó a residir en Antequera para disfrutarla. Podría tratarse, por lo tanto, de una viuda que, como otras, retuvo las tierras donadas a su marido durante los diversos repartimientos o, incluso, podría ser un ejemplo de apropiación al no hallarse dueño conocido. Lo que sí es patente es que a esta mujer se le quitan las tierras por el hecho de que «bibe deshonestamente», por lo que aquí se entrecruza el hecho del reparto de tierras con la moral de la época[144].

La pregunta que realizar entonces sería a qué se refiere el documento con esta expresión relativa a una vida poco o nada

---

[143] Para una visión de conjunto: Dillard, 1993, p. 48.
[144] AHMA, *LRA*, f. 212r.

honesta, por tanto de «mala mujer». Sin contar con más datos, las respuestas pueden ser varias. Sin duda era una mujer sola y una mujer tachada según la percepción de la ciudad ante un hipotético comportamiento ilícito y mal visto[145]. Generalmente, mujeres pobres y desamparadas o viudas en mala situación económica y sin hijos se veían obligadas a prostituirse o a una convivencia poco lícita con hombres ya casados o solteros, lo que representaba actitudes pecaminosas y tal vez delictivas que concluían con la reprobación del resto de la vecindad y con la pérdida de lo recibido por repartimiento[146]. También es cierto que en otras ciudades se observa que algunas mujeres optaban por permanecer solas al admitirse mujeres solteras —supuestamente con la intención de lograr un matrimonio más tarde—. Pero no ayudaba que se supiera que una mujer vivía sola, siendo más proclive a la difamación y al intenso control que ejercían los vecinos y los poderes públicos. La mujer sin varón, de este modo, era vista como peligro y fuente de pecado[147].

En definitiva, esa vida deshonesta y de mala reputación, sin llegar a dilucidar su verdadero significado, sí llevó consigo realmente a la pérdida de la vecindad y a quitarle los bienes que en

---

[145] En Málaga una mujer pierde su casa por vivir «no onestamente» tras ser abandonada por su marido (López Beltrán, 2004b, p. 525, y García Ruiz, 2005, pp. 125-127).
[146] Cuando una mujer regresa honestamente con su marido después del adulterio, parece señalar que vuelve a ser buena esposa (Pérez González, 2005, p. 179). Además de ello hay que advertir que, cuando el adjetivo *honesta* pasa a ser sustantivo para finales de la Edad Media tenía relación con determinada religiosidad femenina laica, como las honestas de Sevilla (Pérez González, 2005, pp. 121 y ss.). En Málaga, a quienes vivían «menos onestamente», por lo general bígamos o amancebados, se les penalizaba con la pérdida de la vivienda concedida en el proceso de repartimiento (López Beltrán, 2003, pp. 92-93).
[147] Se muestran varios ejemplos en López Beltrán, 1994-1995, p. 93 y 2004b, p. 532.

principio la mujer había percibido en el reparto. No hay duda de que ser considerada deshonesta implicaba un hondo desprestigio social, cuyas causas pueden ser diversas, pero la parquedad de lo recogido en la documentación no deja acercarse más al sentido real, asegurando tan solo que poseía una mala posición a ojos de la sociedad del momento. Hay que anotar que, en este caso, se le quitan las tierras en el momento en el que se produce la reformación acometida por el bachiller Serrano en la última década del siglo XV, cuando se revisan los repartos realizados hasta entonces, poniendo al día la lista de vecinos propietarios. Era la ocasión propicia para atender a las posibles denuncias que pudieran existir y así realizar cierta limpieza en busca de un vecindario más honesto. Todo parece señalar que esta mujer anónima no era una de las nuevas vecinas, ya sería, por tanto, conocida en la ciudad y con tierras, pero no merecía siquiera ser mencionada por su propio nombre.

El resto de participantes femeninas del repartimiento, de una manera u otra, han podido ser identificadas. El recuento realizado mediante la lectura del documento en sí lleva a conocer a un total de noventa y ocho mujeres. Ciertas reservas existen respecto a la identificación de cuatro de ellas, que pueden corresponder a una misma mujer con diferentes nombres, si se admiten como errores del escribano o del copista final. La nómina que recoge este texto histórico no debe considerarse como exhaustiva, solo quedan nombradas aquellas mujeres con capacidad de mantener determinadas tierras. Se conoce la existencia de otras vecinas en otros escritos coetáneos. Pero ese total de mujeres que se acaba de señalar ha sido posible recopilarlo realizando una intensa revisión del texto histórico.

El índice onomástico que acompaña a la edición del *Libro de repartimientos* de Antequera fue realizado a finales de los 70 del pasado siglo, y es el que se publica poco después a inicios de los 80. En el mismo aparecen mencionadas varias mujeres, cincuenta y cinco (únicamente cincuenta y cinco), relación que supone el 8 % del total de la onomástica registrada, en comparación con el total de una lista masculina de seiscientos ochenta individuos. Además, de todas las contabilizadas en el mismo índice, ocho casos (el 14 %) corresponden a mujeres de las que no se conoce su nombre, de las cuales seis son conocidas por medio de un apodo, de los que dos hacen referencia a un oficio, propio o vinculado a un hombre, como la Mesonera, la Vallestera o la Halconera, en este caso, la mujer del halconero[148]. Los otros dos ejemplos de innominadas señalan la presencia de una mujer en el documento, vinculando su denominación a un hombre mediante la fórmula «la de + nombre masculino».

Sin embargo, la nómina femenina, como se ha dicho, es efectivamente algo mayor. Una detenida revisión del repartimiento hace ver la existencia de cuarenta y tres mujeres más, inexistentes para el índice de la edición del documento, lo que supone un 78 % más de sujetos femeninos que añadir a la relación que hasta ahora era conocida por medio del índice del estudio mencionado. De este modo es como queda elevado el número de mujeres registradas en todo el texto del repartimiento a noventa y ocho, casi el doble de las que se registran en el índice. De todas ellas, solo aparecen con nombre propio cinco más, lo que suma un total de cincuenta y dos mujeres, poco más de la mitad. Del resto,

---

[148]   AHMA, *LRA*, ff. 102r, 127r y 185v.

salvo los seis casos en los que se mencionan a las mujeres por medio de un apodo, casi un 40 % del total (treinta y siete) son conocidas solamente a través de su vinculación con un hombre: en gran parte mediante «la de + nombre masculino», aunque también se puede leer «mujer de», «hija de» y «madre de». Tan solo la identificación de una de ellas ha sido imposible, como ya se ha dicho, por su completo anonimato. Por tanto, con estos nuevos datos, el número total de las mujeres asciende al 13 % respecto al total de los hombres.

Por otro lado, de las cincuenta y dos mujeres de las que conocemos su nombre completo (cuarenta y siete solo por medio del índice), treinta y dos de ellas están vinculadas, además, al nombre de una figura masculina: «mujer de», «mujer que fue de», «la de» —también «hija de» o «hermana de»—. Con todo ello, los nombres más frecuentes en el repartimiento de Antequera son: Catalina (siete veces), María (seis)[149], Marina (seis), Leonor (cinco), Beatriz (cuatro), Teresa (cuatro), Isabel (tres), Mencía (tres)[150], Ana (dos), Elvira (dos), Inés (dos), Juana (dos)[151], Antonia (una), Constanza (una), Elena (una), Florentina (una), Mayor (una) y Urraca (una).

Respecto de las que no se conoce cómo se llaman, en primer lugar, existe la dificultad de encontrarlas en la documentación, cuando, sin nombre, sin apelativo alguno, ni siquiera por medio de un apodo, muchas de ellas quedan señaladas a lo largo del texto de un modo muy superficial. Seguidamente, la cuestión

---

[149] Una María se halla en el texto, María Ruiz, que no es la vecina que se recoge en el índice, f. 101r.

[150] Dos Mencías faltan en el índice, Mencía Alfonso (f. 125v) y Mencía Ruiz (f. 132v).

[151] Una de ellas aparece en el texto, no en el índice, Juana Ruiz o Rodríguez (f. 84r).

a dilucidar es, sabiendo que portan claves en femenino, poder distinguir una mujer de otra o, por contra, averiguar si esta y aquella mujer fueron la misma persona.

Esto hace ver que las innominadas, de las que antes se hablaba de solo ocho casos inicialmente, suponen en realidad el 47 % de las mujeres del repartimiento —sin nombre o con apodo—, cuya identidad se aclara de distinta manera[152]. De las cuarenta y seis mujeres sin nombre, treinta y nueve se vinculan con la fórmula «la de» al nombre del marido, padre, hermano o hijo, con la anexión de «mujer» o «su mujer», hija, hermana o «madre de» o simplemente «la de», sin filiación concreta, pero que debe entenderse como «la mujer de». Una de ellas, además, con apodo conocido. Hay que recordar que otras seis mujeres eran solo conocidas por un sobrenombre. Estos apodos también las vinculan de algún modo a un sujeto masculino. La referencia que se hace al oficio del marido no aclara si en algún ejemplo ellas también pudieron ejercer el mismo trabajo, lo que en caso positivo reflejaría autonomía e independencia propia tras desaparecer el hombre[153], como puede ser al hablarse de la Halconera, la Vallestera o la Mesonera. Otros remiten a la feminización de un apellido masculino, como puede ser la Coneja Vieja —sin descartar su relación con algún aspecto de la maternidad—, la Lobata[154], la Pestilla o la Zamorana.

---

[152] Algo similar se aprecia en Murcia, donde el 40 % de mujeres no contemplan identidad propia (Martínez Martínez, 2000, p. 37).

[153] Martínez Martínez, 2000, p. 41.

[154] En este caso, esta mujer, llamada Mayor, no es recogida en el índice del documento, pero sí aparece en el texto, siendo luego agrupada bajo la entrada «herederos de Lobato».

Por su parte, el apodo la Mealla puede estar relacionado con el ámbito de la actividad comercial[155].

La presencia en el documento de la mayor parte de estas mujeres, con clara identificación o sin ella, está justificada por la existencia de un hombre, por lo general el marido. A ellas se podría añadir otro grupo de mujeres indeterminadas tras los plurales que generalizan su existir (hermanas, viudas, hijas, esposas), sin contar con la imprecisión de algunos términos como «hijos», «herederos» o «menores», que, cuando van en plural, pueden encubrir perfectamente una mayor presencia femenina. Salvo en el único caso del que ya se ha hablado, no pueden ser consideradas anónimas aquellas mujeres cuya identidad se aclara en relación con un representante masculino en quien recae la protección de todos los miembros de la familia —aunque por ello el editor del documento no las había recogido en el índice—, lo cual refleja también la limitación jurídica de las mujeres ante la superioridad masculina, incluso tras fallecer el hombre. Todas ellas pueden ser identificadas, de un modo u otro.

Por otro lado, son excepcionales los ejemplos en los que el apelativo femenino, cuando la mujer parece ser que actúa como cabeza de familia, se antepone al del hombre, siendo este en tales ocasiones el que aparece como anónimo, sobre todo cuando se hace en referencia a hijos menores («La de Martín de Antequera, que era por su fijo»; «La de Pero Padre, su fijo»; «La del Valle, por

---

[155] El término *mealla* o *meaia* puede tener que ver con miaja o derecho de meaja, tasa que gravaba las mercancías que cruzaban la frontera por determinadas zonas entre Castilla y Granada (Gual Camarena, s. v. mealla) [Consulta: 17 de junio de 2024].

su fijo»)[156]. También en un caso incluso se antepone al de otras mujeres, como sucede con las «sobrinas de la Çamorana»[157].

Por supuesto, estos textos no registran la totalidad de aquellas mujeres que debieron vivir en la Antequera de finales de la Edad Media. La mayor parte ni siquiera son mencionadas en la documentación, sobre todo sabiendo que era de obligatorio cumplimiento acudir con familia, al menos con mujer, para lograr la deseada vecindad, por lo que debieron de existir un mínimo de doscientas mujeres en los momentos más críticos a nivel demográfico a lo largo de todo el siglo XV[158]. Pero siendo fieles a los números, a finales de esta misma centuria la población femenina recogida por el *Libro de repartimientos* solo representa un 13 % de los registros, una desigualdad que habría que interpretar como el número de familias encabezadas por mujeres que reciben tierras, sin poder asegurar que todas ellas terminasen finalmente como pobladoras de Antequera. Los datos son igual de bajos que en otros territorios (en Murcia se contabiliza un 11 % de mujeres del repartimiento como propietarias; en Sevilla, el 5 %, por ejemplo; y en Ronda, un 12 %)[159]. Debido al carácter del documento, prácticamente todas ellas, con o sin identidad propia, aparecen como propietarias o comparten propiedad —como hijas y madres—, cuando son registradas junto a un varón. La existencia de otras mujeres puede ser comprobada al cruzar datos de otros

---

[156] AHMA, AACC, 16 de abril de 1496, ff. 115r-116r.
[157] AHMA, *LRA*, f. 104r.
[158] Como lo expresa un vecino en 1518, «al tiempo que se ganó esta ciudad de los moros, y después, fasta que se ganó el reino de Granada, había en ella fasta dosçientos vecinos que vivían de los muros adentro de la dicha ciudad, porque fuera no osaban vivir a causa del peligro» (Fernández, 1951, p. 15).
[159] Segura Graíño, 1982, pp. 64-68; Martínez Martínez, 2000, p. 35.

documentos, como las actas capitulares, en las que se recogen listados de vecindad en momentos concretos y que sirven para conocer aquellas mujeres que constan como vecinas solas y como cabezas de familia, de las que ya se ha hablado más arriba, como en el ejemplo de las viudas.

Si la mayoría de los repobladores se trasladaron en algún momento hasta Antequera acompañados de su familia, de su mujer, el *Libro de repartimientos* recoge un número mínimo de aquellas que se asentaron en la ciudad a lo largo del siglo XV, centrándose sobre todo en ese momento final de centuria, cuando se produce la reformación de dicho reparto, la última fase del proceso. Es verdad que ni siquiera tal documento recoge un listado cierto de vecinos, ya que su objetivo era conocer el nombre de los propietarios de las tierras cuando se quiere aclarar a quiénes pertenecían y cuáles quedaban libres para acometer el reparto definitivo. Pero es realizando una lectura atenta del repartimiento cuando se puede observar la existencia de un mayor número de mujeres, todas ellas con algo en común: poder acceder, por sí mismas o a través de los hombres de los que dependían, a la propiedad de la tierra, ya sea para explotarla de forma directa como campesinas y vender el excedente en el mercado de la ciudad o como la principal fuente de rentas, aunque hay que anotar que este documento no recoge a todas las que fueron. La imagen incompleta que muestra el repartimiento puede llegar a ser remendada a través de otros documentos por los que se puede conocer el nombre de otras propietarias (caso de Leonor Díaz y de sus herederas)[160].

---

[160]   AGS, RGS, 149101, 97.

La presencia activa de todas esas mujeres demuestra su papel como protagonistas en primera persona de los procesos de repoblación y de repartimiento, que no pueden desligarse uno del otro, ya que asentarse como nuevas vecinas conllevaba el acceso a la tierra. Ellas no pasaron desapercibidas frente al grupo masculino mayoritario de nuevos vecinos, porque la documentación no solo señala a mujeres como propietarias, sino además como cabezas de una familia, que se explica por medio de diversas y particulares circunstancias. Por ello, a pesar del carácter del documento y de metodologías de trabajo que hasta el momento las habían silenciado, no puede ignorarse la aportación cuantitativa ni cualitativa de unas mujeres que sin duda formaron parte de la recuperación demográfica y económica del territorio de Antequera tras su conquista en 1410.

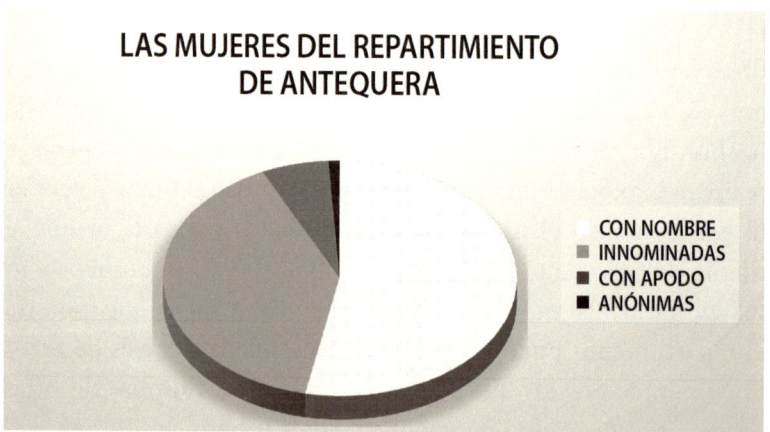

Formas de identificar a las mujeres mencionadas en el Libro de repartimientos *de Antequera. Elaboración propia.*

En otro orden de cosas, habría que añadir que ese silencio que ya se ha señalado en torno a las mujeres, que a veces las deja como simples acompañantes del cabeza de familia, se hace extensivo también a la condición religiosa de algunos de los nuevos vecinos. La lectura del *Libro de repartimientos*, la guía hasta ahora seguida para conocer la recuperación demográfica y económica de la ciudad y de su territorio, proporciona una imagen de aparente homogeneidad para la población que se va asentando en Antequera. Un análisis más detenido del documento en cuestión descubre que la nueva sociedad antequerana a partir del siglo XV es más diversa de lo que se pudiera pensar a raíz del complejo proceso de repoblación, con ciertas diferencias sociales y religiosas que pasan desapercibidas, una variedad social que es silenciada por el texto histórico, ya que en la mayoría de los casos no se dice nada sobre la condición religiosa de los vecinos, pareciendo que toda la nueva población de la ciudad es de fe cristiana. Solo la confrontación con otro tipo de documentos anula tal silencio, al advertir que unos se marchan, algunos se convierten y otros parecen ocultarse.

Es así como se va conociendo la existencia no solo de mujeres cristianas, al averiguar que antes de finales del siglo XV habían venido a establecerse a Antequera familias de *tornadizos*, un término que alude a la existencia de una minoría conversa y que incluía a familias de origen judío e islámico. Estas no parecen perdurar en la ciudad, al emprender una nueva etapa en su devenir migratorio hacia otras zonas, sin que se sepan aún los motivos. Como ejemplo, se halla a Marina Flores, la mujer de un cristiano nuevo —bautizado como Antón Villalón, *tornadizo*—, que había heredado de su padre (Martín de

Flores) una pequeña propiedad de tierra «en un retamal», junto al camino de *Almojía*, al sur de la ciudad, y que quedó vacante cuando ella se marchó[161].

Lo mismo sucede con familias judías que existieron dentro de la población repobladora de la nueva Antequera cristiana en el momento de asentarse. Su presencia en la ciudad viene atestiguada por el topónimo que conforma sus apellidos y que puede indicar su procedencia de la Antequera castellana, cuando en un momento dado tuvieron que emigrar hacia el señorío de Cazorla (Jaén) en el último tercio del siglo XV[162]. Más concretamente esto debe estar relacionado con el hecho de que en 1483 se mandara expulsar a los judíos del arzobispado de Sevilla, demarcación a la que pertenecía Antequera en aquel tiempo[163].

En esta sociedad en plena construcción no sería sencillo pertenecer o haber pertenecido a una minoría religiosa. Son distintos los momentos en los que esas familias de cristianos nuevos pudieron establecerse en la ciudad con más o menos impresión de que fuera de forma definitiva, como pudo ser durante el proceso final de repoblación entre 1490 y 1510. Décadas más tarde, en torno a 1571, familias de moriscos libres, con permiso o sin él, aparecen asentadas en la localidad a raíz de los sucesos relacionados con la rebelión morisca que había estallado en el

---

[161] AHMA, *LRA*, ff. 131v y 211v.

[162] La animadversión contra los conversos creció durante el reinado de Enrique IV, momento en el que se produce la emigración de determinadas familias a zonas donde no pudieran quedar marcadas por su origen religioso (García Guzmán, 2011-2012, pp. 110-111).

[163] Quesada Morillas, 2011, p. 2100.

reino de Granada durante el reinado de Felipe II[164]. Será poco después, entre 1574 y 1585, cuando se producen expulsiones de un gran número de moriscos de la ciudad con la intención de redistribuirlos por otras regiones españolas. Únicamente pudo quedarse un reducido grupo de mujeres, solo aquellas especializadas en el trabajo de la seda, determinadas esclavas y las que se habían casado con cristianos viejos[165]. Estos enlaces mixtos no serían extraños en la época, como así recoge una obra árabe del siglo XVII, que toma para ello un ejemplo ocurrido en la propia Antequera[166].

---

[164] «Por quanto después del levantamiento de los moriscos del reino de Granada han venido a esta ciudad muy gran número dellos», AHMA, leg. 3298, en Pérez García, 2016, p. 79.
[165] Lapeyre, 1986, p. 156; Resa Moncayo, 1997, pp. 426-427.
[166] Ibn Qāsim al-Ḥaŷarī, 2019, pp. 51-52.

5

Mujeres y trabajo

Con relación al mundo laboral femenino de época medieval, hay que remontarse a finales del siglo XIX para conocer a nivel europeo por primera vez y de forma pionera un estudio que tratase esta cuestión, temática que se hizo más habitual a partir de los años 70 del XX, periodo de eclosión de la historia de las mujeres en Europa y EE. UU. En España, las primeras contribuciones a este asunto se inician poco después, ya iniciada la década de los 80[167].

La principal dificultad para investigar las labores realizadas por mujeres no se halla tanto en una falta de interés como en que las mujeres «parecían» estar más escondidas o alejadas de múltiples actividades económicas. Desde los primeros estudios que tratan el ámbito de los oficios ejercidos por mujeres en la Edad Media, se ha apreciado cierta inferioridad de derecho respecto a los hombres, si se atiende a los textos jurídicos y normativos («de mejor condición es el varón que la mujer»)[168]. Frente a ello cada vez más se observa un equilibrio de hecho en la esfera del trabajo hasta el siglo XVI, momento a partir del cual se aprecia que oficios ocupados por mujeres durante la etapa medieval pasan

---

[167]   Fuente Pérez, 1997, pp. 179-180.
[168]   Como señalan las *Partidas* de Alfonso X, IV, T. XXIII, L. 2.

a ser mayormente ocupados por varones[169]. La desigualdad ante la ley viene matizada por las ventajas que la misma concede a las mujeres, por la protección que se les ofrece, una situación legal que ellas saben aprovechar en el discurrir diario para que exista una igualdad efectiva entre ambos sexos en determinados ambientes de la sociedad bajomedieval, por ejemplo, en el momento de intervenir en la vida pública de una ciudad por medio de su participación en distintas actividades económicas[170].

En primer lugar, las llamadas tareas femeninas giraban en torno al espacio doméstico y de la familia, aquellas «propias de su sexo», en calidad de cuidadora de los miembros de la familia, criar y proteger a hijos, hijas, herederos o menores, organizar la casa, encargarse de las tareas de la cocina y de la limpieza —como las lavanderas—, atender el huerto, dedicar parte de su tiempo a alguna actividad textil o a momentos de cantos y rezos, además de participar en el desarrollo de obras piadosas[171]. Además, las mujeres eran las proveedoras de todo lo que necesitaba la casa, comenzando por abastecerla de alimentos y de agua a diario, una labor esta de ir a la fuente que se llevaba a cabo, salvo que se contratara a un aguador para ello, un oficio que aparece en Antequera en masculino[172]. Siendo esto así, no hay que ver como algo extraño o anecdótico la presencia de las mujeres ejerciendo su trabajo de forma patente y habitual en espacios no domésticos, lo que conlleva un esfuerzo por su parte para compartir su tiempo

---

[169] Sánchez Vicente, 1985, pp. 12-13.
[170] Sánchez Vicente, 1985, p. 165; Segura Graíño, 1986, pp. 131-133.
[171] Val Valdivieso, 2008, p. 72; Martínez Martínez, 2000, p. 51.
[172] «Los açacanes que venden agua», AHMA, Ordenanzas, f. 45v.

en distintas esferas de la vida, en este caso realizando actividades remuneradas fuera del hogar.

Los escasos datos que existen de las mujeres trabajadoras de la ciudad de Antequera hablan de un empleo femenino relacionado con un amplio abanico de actividades que se realizaban fuera del ámbito estrictamente familiar. En ocasiones, esto se aprecia de forma muy clara y directa, y otras veces con algunas dudas por la falta de precisión que aporta la documentación. No se puede obviar su papel en ciertos trabajos como colaboradora con el hombre cabeza de familia, o compartiendo el mismo oficio del marido, aunque ella no sea mencionada. Más arriba ya se ha señalado la existencia de mujeres que son conocidas solo por el apodo que hace referencia al trabajo desempeñado por una figura masculina, como la Mesonera. Sería interesante averiguar cuál fue el papel real que tuvieron algunas de estas mujeres, a la sombra o al lado de un hombre, aprendiendo y ejerciendo un determinado oficio, sobre todo cuando al quedarse viudas siguen siendo conocidas por el apelativo que hace referencia al mismo. Igualmente, podría preguntarse sobre las mujeres de los escribanos, que no suelen ser mencionadas por los documentos históricos hasta que ellos fallecen. Por las actas capitulares se conoce que la viuda del escribano mayor es quien salvaguardaba los instrumentos de trabajo de su marido al morir, hasta que son reclamados por el ayuntamiento, como sellos, documentos o libros[173].

Por lo general, cuando las mujeres se muestran de forma transparente como protagonistas de su propio ámbito laboral, lo

---

[173] «Recabdad un sello de plata que la çibdad tiene con sus armas, que está en poder de la muger de Pedro Çamorano, escrivano que fue del conçejo», AHMA, AACC, 18 de marzo de 1496, f. 111r.

hacen cuando este se desarrolla en lugares públicos de la ciudad, en relación con un trabajo que se produce de cara al público. De ahí que el sector mejor representado por la documentación con mayor participación femenina sea el comercial, con la presencia de las mujeres en el mercado, allí donde se podría encontrar a pescaderas, horneras, panaderas, vendedoras ambulantes, tenderas o mesoneras. Otros ámbitos para las mujeres serían el asistencial —en el caso de parteras y sanadoras—, el artesanal —como hilanderas y tejedoras—, a lo que se suma el papel desempeñado en un mundo más marginal por las prostitutas[174].

No podían faltar las mujeres campesinas, a pesar de que es difícil rastrearlas en los textos históricos, cuando se trata sobre todo de actividades propias del ámbito familiar. Mejor se conoce su papel como gestoras de tierras y ganados, como en el caso de las grandes posesoras. Las pequeñas propietarias debieron trabajar su propia tierra para su abastecimiento, primero para nutrir a la familia y luego con posibilidad de llevar el excedente al mercado[175]. Muchas de ellas dedicarían su esfuerzo a la parcela familiar ayudando al marido, pero sobre todo cuando ellas están solas en ausencia de este. Además, en algunos momentos del calendario agrícola, como el de la cosecha, la mano de obra femenina sería más requerida que la del hombre para ciertas faenas agrícolas como jornaleras[176]. Se ha señalado que las labores relacionadas con el lino o el cáñamo aparecen en los documentos como un

---

[174] Se sigue así el esquema para la ciudad de Murcia que propone Martínez Martínez, 2000, pp. 51 y 61.
[175] Martínez Martínez, 2000, p. 64.
[176] Borrero Fernández, 1983, pp. 191-199.

trabajo específicamente femenino[177], sea en su fase de cultivo o en su carácter como materia prima textil, como las referencias documentales que se poseen en Antequera que aluden a un doble proceso agrícola y artesanal para tales fibras[178].

En el ejemplo antequerano, los datos son aportados sobre todo por las actas capitulares y las ordenanzas de la ciudad. Al ser estas últimas un documento normativo, la aparición de las mujeres se produce de una manera general, sin concretar en casos particulares, algo que, por el contrario, sí ocurre en las actas del cabildo municipal. Por medio de estos textos, se observa que las mujeres ocupan sobre todo aquellos oficios relacionados con la venta al público, como las «plaçeras»[179], las que trabajan «en la plaça», las «vendederas»[180] o las llamadas «tenderas», las cuales «venden cosas de comer»[181], las que trabajan en las tiendas, siempre tratando con distintos productos comestibles, sea pescado, manteca, queso, pan, hortalizas o «hazeite». A estas dependientas se les permitía trabajar incluso domingos y otros festivos, porque, a pesar de ser considerado un *pecado público*, les salvaba su dedicación a vender productos alimenticios y, por tanto, siempre necesarios. Dentro del sector, no se trataría de un oficio exclusivo de las mujeres, ya que la venta de tales mantenimientos podía ser realizada sin distinción por «tenderos y tenderas»[182].

---

[177] Rábade Obradó, 1988, pp. 137-138.
[178] AHMA, AACC, ff. 18r y 19v.
[179] AHMA, AACC, 21 de febrero de 1494, f. 1v, y 8 de noviembre de 1495, f. 82v.
[180] AHMA, AACC, f. 27r.
[181] «Pan y hortalizas y hazeite y pescado y otras cosas semejantes», AHMA, Ordenanzas, f. 1v.
[182] AHMA, Ordenanzas, f. 16v.

Para su desempeño, a principios de cada año el ayuntamiento sacaba a subasta poco más de una veintena de tiendas como bienes de propios con la intención de arrendarlas para quienes estuvieran interesados. No se conoce bien quiénes se presentaban a las diferentes pujas, pero tanto hombres como mujeres podían optar a ello. Sí es conocido el resultado final, el nombre de los vecinos y las vecinas que terminaban adquiriendo tales establecimientos municipales, de ahí que aparezcan mujeres en primera persona, con nombre y apellidos, logrando quedarse con alguna de esas tiendas. Ello conllevaba poder disfrutar de los beneficios derivados de la explotación de su negocio, como regentes del mismo durante el tiempo que duraba el arrendamiento, por lo general un año. De este modo, las mujeres no solo tendrían el rol de empleadas, sino que también podían adquirir el uso de una tienda, aunque siempre bajo cierta discontinuidad, cuando aquellas tiendas que un año habían sido regentadas por mujeres al año siguiente podían pasar a manos de otros vecinos, siempre al mejor postor[183]. Todos estos locales destinados al desarrollo comercial pertenecían desde 1414 a la Administración municipal como bienes de propios[184], por lo que cuando se dice «la qual dicha tienda es la que alinda con tiendas de Ana de Acosta»[185], debe entenderse no tanto que esta vecina era la propietaria, sino que las tenía o las había tenido arrendadas, sin descartar que con el tiempo surgieran bienes de este tipo de titularidad privada.

---

[183] «Se remató en Teresa la Vadilla […] por un año entero», AHMA, AACC, 1 de enero de 1495, f. 45r.

[184] «Do vos e fago vos merçed agora para sienpre jamás de […] todos los hornos e tiendas que yo he e me pertenesçen», AHMA, *LDR*, f. 6r.

[185] AHMA, AACC, f. 46v.

El mantenimiento de estas tiendas correspondía al cabildo municipal, por lo que en los casos en los que se encontraban en mal estado o en obras, no se les cobraba alguna de las mensualidades de las que constaba el arrendamiento. Así le sucede a una mujer a la que en 1486 el ayuntamiento le reintegra los gastos de reparación de la tienda que regentaba, de igual modo que les ocurre a otras dos mujeres en 1495, cuando debido al mal estado de sus locales no pudieron disfrutar de ellos completamente[186]. Todas ellas son ejemplo claro de lo que se podría llamar mujeres emprendedoras, cuando se lee en los textos frases como «ella arrendó» o «ella alquiló». Para algunas mujeres, sobre todo viudas, obtener una tienda era un buen medio para poder subsistir, y gracias a ciertos fiadores podían acceder al disfrute de uno de estos establecimientos durante un año: «Alquiló una tyenda junto cabo Santa María e que los abades non le dexan vender en ella e que ella es pobre e no tyene de qué pagar la renta»[187]. Mientras algunas mujeres tenían dificultad para regentar un espacio y sacar su negocio adelante, otras poseen la capacidad económica suficiente para ejercer como fiadoras del arrendatario, como cuando un vecino adquiere un horno municipal gracias al aval presentado por una mujer[188].

---

[186] AHMA, FPN, C-49, f. 54v; «Mandaron reçibir en cuenta al mayordomo Ruy García los dos meses de la tyenda de Maryna Rodrigues, que son enero e febrero de noventa e çinco, porque no ge la repararon», AHMA, AACC, 10 de abril de 1495, f. 60r; «… por non la adobar no ha estado ni está en ella», AACC, 6 de marzo de 1495, f. 56v.

[187] AHMA, AACC, f. 56v. Tal vez cierto problema con el clero hizo que esta misma tienda al año siguiente no pudiera ser arrendada por el cabildo y se quedase sin abrir (f. 107r).

[188] «El horno de las carneçerías rematose a la mayor puja en Luys Gonçales de Molina […] Fiolo de mancomún Ynés Fernandes», AHMA, AACC, f. 44v.

Más especializadas en un producto concreto parece que serían las «pescadoras»/pescaderas[189], también llamadas «plaçeras», mujeres que actúan como vendedoras de un pescado cuyos precios son establecidos por el concejo. Era el propio ayuntamiento el encargado de comunicar de forma directa tales precios de venta al hombre responsable del negocio y de informar también a estas mujeres que parecen trabajar como empleadas suyas[190].

La redacción de unas concretas «ordenanças de las panaderas», un capítulo dedicado en exclusiva al trabajo de estas mujeres, hace ver que era un oficio específicamente femenino, lo cual señala la vigilancia que sobre ellas se cernía ante los posibles fraudes que podían surgir relacionados con la elaboración y la venta del pan. A grandes rasgos, la normativa antequerana señalaba que las panaderas «amasan pan para vender», un cometido que se sitúa dentro de su papel, tanto de productoras artesanas como de vendedoras de un mismo producto, cuya tipología estaba regulada según el peso concreto de la pieza, por lo que se ofrecía al cliente tres clases de pan, lo que hoy equivaldría a pan de kilo, de medio o de un cuarto[191]. También es una mujer la que aparece en persona en el cabildo para solicitar poder elaborar un tipo concreto de pan más menudo, como son los «molletes»[192]. De este modo, manos femeninas controlaban desde principio a fin un proceso

---

[189] AHMA, Ordenanzas, f. 18r.

[190] «Fue mandado llamar al cabildo […] fue noteficado a las plaçeras de la plaça», AHMA, AACC, f. 1rv.

[191] AHMA, Ordenanzas, f. 23r.

[192] «La de Antón de los Omisianos suplicó por palabra le diesen liçençia para haser molletes. La çibdad ge la dio y a otros que los quisieron hacer», AHMA, AACC, 8 de marzo de 1496, f. 109v.

que incluía la elaboración del producto, el reposo de la masa, llevarlo a hornear y su venta final al público[193].

Con relación a ello, junto a estas amasadoras, había otras mujeres que se encargaban de gestionar el horno, las «orneras». Por el uso del horno recibían como pago parte del producto a hornear, el cual también podían vender al mismo precio marcado por las autoridades municipales, en concreto «el pan de sus poyas a las puertas de su ornos y en las plaças […] las poyas que les dieren las panaderas lo hayan de vender y vendan como las dichas panaderas»[194]. El cometido de estas horneras consistía en mantener el horno limpio, alimentarlo de leña[195] y vigilar la temperatura del mismo para que el producto se cociese correctamente. De este modo, el horno se mantenía en condiciones óptimas para su uso por parte de las panaderas y también por parte de cualquier otro vecino o vecina, generalmente vecinas, que acudían a él para cocer su propio pan a cambio de una pequeña parte del producto horneado, que finalmente podía ser vendido en la propia puerta del horno o llevándolo al mercado de la ciudad. Así, las familias tenían la posibilidad de producir su propio pan o comprarlo directamente, si no tenían la costumbre de hacerlo. Por todo ello, el horno-panadería se convertía en un lugar de encuentro para un determinado grupo de mujeres, aquellas que trabajaban en y con el horno (horneras y panaderas) y aquellas

---

[193] Sobre las panaderas: Val Valdivieso, 2002, pp. 83-110, espec. 100-109.

[194] AHMA, Ordenanzas, f. 23r.

[195] AHMA, AACC, 24 de marzo de 1495, f. 58v; «… que sy leña oviere de traer que sea de la seca e lantyscos» o de «retama», f. 100r; se vetaba en todo caso la de encina, leña que se solo se permitía vender a las puertas de la ciudad, f. 81v.

que acudían a comprar el pan o a llevar a cocer el suyo propio después de ser amasado en casa (clientas o usuarias).

Los hornos de titularidad municipal, como bienes de propios pertenecientes al ayuntamiento, también como las tiendas, eran arrendados por el cabildo todos los años al mayor postor, que debía pagar una renta por su gestión durante un año, según las actas capitulares mayormente hombres, pero donde también se registra el caso de una mujer, Catalina Ruiz, que adquiere en arrendamiento el horno de la Puerta del Agua a inicios de 1486 por ese año[196]. Estos gestores, que pueden considerarse propietarios temporales, ponían en funcionamiento el horno con la contratación de unas mujeres concretas conocidas por su específica labor como panaderas y horneras.

En el mismo mercado se podría hallar a otras mujeres viviendo de la actividad comercial desde otra perspectiva, como eran las vendedoras «cosaryas», que son mencionadas en las ordenanzas vinculadas a la venta también de pan, una especie de panaderas ocasionales, que incluso podían tratar con otro tipo de mercancías, tal y como registran las actas capitulares[197]. Parece que consistía en un oficio esencialmente femenino, de origen medieval y que tiende a desaparecer a partir del siglo XVI, una especie de vendedoras por encargo o contratadas para realizar una venta de forma ambulante, por ejemplo, suministrando el pan ya horneado[198]. La normativa local les permitía solo a ellas llevar al molinero una fanega de trigo para moler sin tener que pesarla

---

[196]   AHMA, FPN, C-49, f. 52r.
[197]   Por ejemplo, frutas y hortalizas, de las que recibían 1 maravedí por cada 13 que sacasen por la venta (AHMA, AACC, 6 de noviembre de 1495, ff. 126v y 85r).
[198]   Gómez Díaz, 2002, p. 5.

antes, en lugar de la medida establecida para otras personas[199], tal vez para tratar de facilitar su actividad.

Por lo tanto, con relación a una misma actividad como era la producción y venta de pan o de otros productos, son mujeres las que acometen distintas funciones que vienen representadas por medio de diferentes oficios que se pronuncian en femenino, unas son panaderas, otras son horneras, que lejos de referirse a mujeres con tareas que pueden parecer similares, señalan lo específico de esas determinadas labores que la propia documentación distingue de forma muy clara[200].

Por otro lado, en relación con los productos cárnicos se hallan las «triperas», que, junto a los «menuderos», «venden menudos», por lo que se encargaban de tratar con todo tipo de casquería, como sangre, tripas y asaduras (*hígado, baço, bofes*), y con otros alimentos que ellas mismas podían elaborar y vender, embutidos tales como morcillas y longanizas. Con relación a su oficio, el ayuntamiento como medida higiénica les prohibía lavar las tripas con el agua del río a su paso por la ciudad; en cambio, sí lo podían hacer más abajo cuando el curso del mismo se alejaba de la zona urbana[201].

También en el mercado tenía cabida otro trabajo que podían realizar las mujeres, aunque no exclusivamente, como el de

---

[199] AHMA, Ordenanzas, f. 14r.

[200] Así ocurre también en los tratados de ḥisba andalusíes, normas del zoco, del mercado, donde se recogen labores distintas para panaderos y horneros (García Sanjuan, 1997, pp. 201-234).

[201] AHMA, Ordenanzas, ff. 21r y 38r: «Que las triperas no puedan derramar ni derramen caldo de tripas en las plaças ni calles públicas, ni menos sean osados de lavar las dichas tripas en el río si no fuere en la madre del dicho río baxo de la presa y cauz del molino». Respecto a los menuderos, f. 22r.

«correderas»/corredoras[202], siempre con permiso de la autoridad local. Su labor era la de vender cualquier producto, actuando como enlace entre determinados productores o vendedores, sobre todo foráneos, y el consumidor final interesado. Especialmente, la documentación hace hincapié en su relación con los joyeros, advirtiéndose de que no podían quedarse para sí las piezas con las que trataban, sino que debían actuar como meras intermediarias, en cuya transacción se podían llevar uno de cada treinta maravedís que lograran[203]. Su trabajo estaba regulado por la normativa municipal que señala su forma ambulante de vender, pregonar u ofrecer diferentes bienes por la calle.

Además, la documentación local también se atreve a señalar alguna recomendación para aquellas mujeres situadas al otro lado del mostrador, las compradoras, cuando se dice que «las mujeres […] compran sin liçençia […] de sus maridos […] lo toman fiado y las engañan»[204]. Con estas palabras se prohíbe que joyeros, caldereros y lineros tratasen con aquellas mujeres que no tuvieran el preceptivo permiso del marido, lo que lleva a pensar en cierto consejo de que fuesen acompañadas al mercado, primero para que no dejaran nada por pagar, lo que se relaciona con el control del gasto del hogar, y, en segundo lugar, para evitar que fueran engañadas, lo que indica a su vez cierta sobreprotección al actuar sobre la hipotética «debilidad» mental de la mujer.

---

[202] AHMA, Ordenanzas, f. 23r. El cabildo concede el oficio de corredor por un año (AHMA, AACC, 26 de septiembre de 1494, f. 27r).

[203] Por ello, no podían «comprar para sí […] bienes ni cosas de los que les dieren a vender» (AHMA, Ordenanzas, ff. 46rv y 47v).

[204] AHMA, Ordenanzas, f. 23r.

Con relación a la artesanía del textil, se conoce la existencia de hilanderas, pero salvo su sola mención en las ordenanzas locales, no se tiene ningún tipo más de información, a pesar de considerarse una mano de obra básica para la destacada actividad artesanal que se comienza a desarrollar en aquellos momentos finales de la Edad Media en la ciudad[205]. El objetivo de su trabajo era transformar determinadas materias primas (lana, lino, cáñamo o seda) en hilo, este mismo que debían utilizar luego artesanos de todo tipo, de los que, por el contrario, sí se tiene un mayor conocimiento. De tal producto se beneficiaban, por ejemplo, los tejedores para la elaboración de prendas de vestir o los zapateros para la confección o la reparación del calzado.

El hilo utilizado para el textil debía ser de un tipo distinto, confeccionado por manos femeninas, un hilo más fino, más recomendable que el utilizado por los «cordoneros», que trabajaban sobre todo con el de cáñamo para elaborar objetos de uso común, como cordeles, cinchas para caballos o cuerdas[206]. Tal vez la falta de noticias en torno a la labor netamente femenina del hilado se deba al carácter doméstico de una producción que no parece que salga de unos talleres específicos, sino del taller montado en el propio hogar de las trabajadoras, y, por lo cual, la documentación emitida por la autoridad municipal casi no recoge su existencia por su carácter aislado, pasando a ser ignoradas por los textos históricos como trabajadoras textiles que eran.

---

[205] Parejo Barranco, 1987, p. 195; Martínez López, Martínez Martín, 2001, pp. 6 y 12.
[206] Sobre todo se recomienda a los maestros zapateros que sus obreros y criados cosan «con hilo de las hilanderas e no con hilo de lo que hilan los cordoneros» (AHMA, Ordenanzas, f. 26r), norma calcada de la que recogen las Ordenanzas de Córdoba (González Jiménez *et alii*, 2016, p. 210).

Respecto a quienes tejían, solamente, en las actas capitulares de Antequera se habla de «texedores e texedoras»[207], sin más noticia tampoco. La documentación señala la existencia por encima de estos trabajadores de unos representantes de su oficio, siempre hombres, que se encargaban de controlar su labor, conocidos como alcaldes de los tejedores. También son hombres los artesanos del textil que acuden al cabildo cuando son llamados para actuar en calidad de testigos y expertos en su campo[208].

Otro oficio artesanal que también puede ser ejercido por mujeres es el de la molienda, unas molineras que sobre todo aparecen con relación al trabajo que realizaban sus maridos. Si estos fallecían, eran ellas las que seguían a cargo del molino. Es el caso que parece corresponder con una mujer, sin nombre, identificada como «la de Gómez», que en calidad de molinera y junto a otros hombres del mismo oficio, acude al ayuntamiento para mostrar su queja por la falta de agua para moler, cuando los hortelanos la tomaban para regar «syn tiempo»[209]. Por otro lado, las normas de arrendamiento de los molinos que pertenecían a la ciudad señalan que si el arrendador tenía mujer, ambos debían constar en el contrato que registraba el escribano[210], muestra de que el trabajo ligado al molino era de tipo familiar y que vinculaba a ambos miembros de la pareja.

Si se atiende al sector de los servicios, se tienen ciertas noticias sobre la actividad de las lavanderas, una tarea bien vinculada con

---

[207] AHMA, AACC, 6 de noviembre de 1495, f. 126r.
[208] Como en AHMA, AACC, f. 39r.
[209] AHMA, AACC, f. 4r.
[210] «Que ha de otorgar el tal arrendador o arrendadores e sus mugeres, sy las tovieren, carta de çenso en forma ante escribano», AHMA, AACC, 2 de octubre de 1495, f. 76v.

las labores domésticas y con la higiene del hogar. Eran mujeres las que se encargaban de lavar la ropa sucia en horario diurno, la de su propia casa o la de la familia para la que trabajaban, en calidad de mozas o criadas[211] —por lo común, mujeres solteras y jóvenes—, sin descartar que mujeres fueran también las que participaban de similares trabajos de lavado en el ámbito de la artesanía textil (esparto, lino, cáñamo o cueros)[212].

Los espacios para lavar, los «lavaderos», siempre han sido considerados lugares eminentemente femeninos, en los cuales se trataba de salvaguardar un ambiente de cierta intimidad para las mujeres, como señalan las ordenanzas de la ciudad de Antequera: «Que ningunas personas no sean osados destar ni andar por los labaderos e donde las mugeres laban, so pena […] esté tres días en la cárçel»[213]. Eran lugares siempre cercanos al río de la Villa, cuyo cauce discurre muy próximo a las murallas de la ciudad, sitios preparados ex profeso para lavar directamente sobre sus aguas, aprovechando algún canal o acequia próxima que desviaba esas aguas, o incluso haciendo uso de las piletas de los baños árabes, cuyo edificio aún se encontraba en pie a finales del siglo XV[214].

Tanto el dónde como el cuándo estaban bien delimitados. Fuera del espacio de lavado estaba totalmente prohibido realizar

---

[211] Como la moça que «fuese a lavar paños al cauz» citada en AHMA, AACC, 24 de marzo de 1495, f. 58v.
[212] Sobre las medidas tomadas por el cabildo municipal para evitar la contaminación de aguas de ríos o canales que provocaba el lavado de estas artesanías, por ejemplo: AHMA, AACC, 13 de mayo de 1494, f. 16rv.
[213] AHMA, Ordenanzas, f. 48r.
[214] Así parece deducirse de lo siguiente «que los vaños no los abra ni entre dentro ni saque ropa» (AHMA, AACC, f. 84r).

la colada[215]. A pesar de ello, en ocasiones la norma no era respetada, teniendo que actuar las autoridades locales, deteniendo o multando a aquellas infractoras que, por ejemplo, aprovechaban el agua que pasaba por los canales de regadío para lavar la ropa, teniendo que responder por ellas los dueños de la casa donde trabajaban[216]. Aunque poco se sabe de ello, lavar la ropa debía tener un horario concreto, con un turno concertado con otras actividades que usaban la misma agua[217], como regantes y molineros, de ahí que, aunque de una manera muy ambigua, el cabildo mandara a inicios del siglo XVI «que no consyentan que las mugeres desatapen el agua», lo que perjudicaba al trabajo de los molinos al desviar el caudal necesario[218]. Además, los lavaderos públicos eran los únicos espacios situados a orillas de ríos y arroyos en los que se permitía encender fuego, pensando en el bienestar de quienes debían pasar buena parte de la jornada lavando todo tipo de prendas[219].

La prostitución era otra actividad que tenía cabida en la Antequera bajomedieval. Las ordenanzas municipales de esta localidad no tratan este asunto, a diferencia de la diversa norma-

---

[215] Así se estipula en la normativa municipal: «Que en el dicho río [de la Villa] de la puente […] arriba ni en el cauz […] no sean osadas de labar trapos ni çestos» (AHMA, Ordenanzas, f. 51r).

[216] Como en AHMA, AACC, 24 de marzo de 1495, f. 58v, donde una moça fue «a lavar paños al cauz», aunque parece que con permiso del almotacén; o en 10 de abril de 1495, f. 60v, «tomaron a una muger de su casa una prenda, porque lavava unos paños».

[217] Así ocurre cuando se dice «que en el dicho río no puedan labar ni laben paños los tintoreros de día, eçepto que los puedan labar de noche» (AHMA, Ordenanzas, f. 51r).

[218] AHMA, AACC, f. 4r.

[219] «Que ningunas personas sean osados de fazer fuego […] y que estas hordenanças no se entienda contra las personas que fizieren fuego en los labaderos públicos de esta çibdad yendo a labar a los dichos labaderos», AHMA, Ordenanzas, f. 56r.

tiva existente en casi todas las ciudades andaluzas estudiadas[220]. En las actas capitulares las prostitutas son denominadas como «mujeres del partido»[221]. Este término, que también puede leerse en documentación de Málaga, hace referencia a prostitutas declaradas, asentadas, vinculadas a una casa concreta donde ejercer la mancebía, y que pagan sus impuestos, no a las que pudieran trabajar de forma más libre en la calle pública[222]. En época moderna se sabe que la mancebía antequerana se situaba en la plaza del Portichuelo[223], un lugar extramuros de la ciudad, pero bien comunicado. De modo similar a otros oficios artesanales, donde el local es regentado por una figura distinta a quienes ejercen el oficio, estas mujeres debían estar contratadas para ofrecer sus servicios por un hombre que actuaba en calidad de proxeneta y que en la época era conocido como «padre de la mancebía», como así se refiere a un vecino de la parroquia de San Salvador, a la que precisamente pertenecía la plaza señalada[224]. También con el mismo papel se denuncia la existencia de «rufianes que tienen mugeres públicas», con el beneplácito de alguna autoridad local, en concreto del alcalde mayor[225].

Lejos de ser una actividad prohibida o perseguida, era el mismo cabildo el que llega incluso a encargarse del cuidado de

---

[220] Segura Graíño, 1984, p. 147.
[221] AHMA, AACC, 26 de agosto de 1494, f. 24r.
[222] Para Málaga: López Beltrán, 2003, p. 60, n. 126. A nivel general: Alonso Hernández, 1976, pp. 583-584.
[223] León Vegas, 2004, p. 324.
[224] Alijo Hidalgo, 1995, p. 315.
[225] En la relación de abusos cometidos por el alcalde mayor Pedro de Valladolid se halla la de haber «consentido» la existencia de estos «rufianes», «e favorescido malhechores» (AGS, Cámara de Castilla, Pueblos, leg. 2, s. f., 1515, agosto, 17. Burgos).

la salud de estas mujeres públicas[226]. Así mismo, preocupaban las falsas apariencias. La prohibición de cubrirse la cabeza con un mantillo, prenda que no les correspondía llevar a las prostitutas, tenía la intención de que no llamasen la atención cuando salían a la calle[227]. Misma prohibición se dicta en Murcia[228] ante casos de mujeres que se vestían para aparentar ser decentes, «en manera que cada una pueda ser conoçida por quien es»[229]. El alguacil era la persona que por su oficio se encontraba con tal problema por la calle, sabiendo que, aunque no había norma propia en la ciudad sobre el tema, en todo el reino de Granada no les estaba permitido llevar esa prenda, lo cual lleva al cabildo a solicitar información a Málaga y a otros lugares cercanos[230]. Mientras, por un lado, el alguacil era el encargado de quitarles tal atuendo a aquellas mujeres que no debían llevarlo, por otro, este mismo responsable de la seguridad de la ciudad debía protegerlas en caso necesario[231].

Relacionado con ello, para evitar suspicacias las ordenanzas de la ciudad señalaban que «en los dichos mesones no puedan aver ni aya mugeres que ganen dineros, y que algunas mugeres

---

[226] León Vegas, 2004, p. 325. AHMA, AACC, n.º 1612, s. f., sesión de 4 de septiembre de 1609.

[227] «Sobre que dixo el alguasil García de Villadiego que las mugeres del partido no puedan traer mantillos», AHMA, AACC, 26 de agosto de 1494, f. 24r. Tampoco podían llevar oro, plata ni seda.

[228] Según acta capitular de 14 de abril de 1444: «Que de oy adelante anden todas las malas mugeres por la çibdad en cuerpos sin mantillos» (Rubio García, 1982, p. 232).

[229] Torres Fontes, 1978, pp. 84-86.

[230] «Porque en todo el reyno las mugeres del partydo no avían de traer mantillos, so pena de lo perder, la çibdad le mandó traer ynformaçión de ello de Málaga o de otros lugares de la comarca», AHMA, AACC, 26 de agosto de 1494, f. 24r.

[231] López Beltrán, 2003, p. 64.

[…] llegaren a los dichos mesones […] que puedan estar una noche e no más, e no ganen dineros en el dicho mesón ni fuera del […] so pena […] a la muger le den çient açotes…»[232]. Por tanto, se prohíbe a las mujeres frecuentar determinados ambientes, mesones y tabernas, lugares concurridos por hombres y destinados sobre todo a beber, ni como servidoras de vino en su interior ni en la puerta ni en sus inmediaciones. La preocupación que se expresa en este texto se centra en incidir en la prohibición que tienen las mujeres de ganarse la vida en esos espacios concretos, de una forma que no se especifica, pero que bien podría ser como servidoras de vino, léase tal vez prostitutas[233]. No se les prohíbe entrar y utilizar los servicios del mesón, pero para aclarar lo que pueda suceder en el mismo, no serían sospechosas aquellas mujeres que permanecían una sola noche en el local. Lo mismo, con las mismas palabras, se recoge en la normativa local respecto a aquellos establecimientos situados en el entorno de la ciudad, en los caminos, con el mismo fin, como eran las ventas. La medida registrada en las ordenanzas, más que de prohibir, va más en consonancia con el control sobre la actividad que se desarrollaba en la mancebía, restringiéndola al único lugar permitido para su ejercicio. Las mujeres que buscaban desligarse de ese control serían las que ofrecerían su cuerpo en todos aquellos lugares que eran muy frecuentados por los hombres, tanto vecinos como foráneos.

---

[232]   AHMA, Ordenanzas, ff. 35r y 36v.
[233]   Precisamente son estos lugares muy frecuentados por prostitutas (López Beltrán, 2003, p. 95).

Por otro lado, las mujeres también tenían su parcela de actuación en el campo de la asistencia sanitaria[234]. Como personal doméstico de algunos médicos podían acompañarlos y ayudarlos en sus intervenciones, además de ser las primeras que en el hogar acudían a atender la dolencia de algún miembro de la familia[235]. A nivel profesional, la práctica médica por parte de mujeres que cuidan y que sanan está atestiguada en Castilla en ese final del siglo XV en el que se centra este estudio[236]. La preocupación de las autoridades locales por la salud de su población lleva a realizar un control sobre quienes prestan este tipo de asistencia. Con relación a ello, el principal oficio sanitario femenino era el de partera, esa mujer encargada de atender a aquellas mujeres en el momento en el que iban a dar a luz.

La referencia que aporta la documentación histórica se halla relacionada con la intención del cabildo de Antequera de examinar a una serie de vecinas para que pudieran ejercer de forma oficial y reglada como parteras de la ciudad. Es la decisión que toma el poder municipal tras la advertencia de los médicos locales sobre «que muchas mugeres, non seyendo ábiles, estavan de parteras»[237]. Para ello, se reúne una comisión examinadora formada por cuatro miembros, todos hombres vecinos de la ciudad, un jurado, un regidor y dos físicos, como así se denominaba a los que practicaban la medicina en aquel periodo bajomedieval. Su cometido fue citar a las mujeres que de una forma u otra te-

---

[234] Sobre la variada práctica médica ejercida por mujeres en la Europa medieval: Green, 1989, pp. 434-474. Un estudio más reciente y de ámbito peninsular: Cabré i Pairet, 2021, pp. 17-48.
[235] Ferragud, 2007, p. 153.
[236] García Ballester, 2001, pp. 509-510.
[237] AHMA, AACC, 4 de febrero de 1494, f. 10v.

nían cierta experiencia en asistir a las madres en el parto en sus domicilios para así determinar la idoneidad de alguna de ellas para un puesto oficial. Esta comisión evaluadora es la misma que se reunía para examinar a otros profesionales sanitarios, como a barberos y especieros, y aparece siempre formada por dos representantes del ayuntamiento y dos médicos. Tal tipo de pruebas de aptitud tenían la finalidad de limitar la libertad que existiría hasta entonces para ejercer el oficio de partera, por medio del control ejecutado por el poder local sobre estas prácticas, cuya base se situaba en un acto privado, de intimidad, de confianza entre la asistente y la madre, donde el hombre, aunque fuese médico, rara vez estaba presente, a pesar de ser hombres quienes aparecen como examinadores[238].

Las cualidades que se buscaban en una partera eran tener las manos delgadas y los dedos largos que le permitieran ayudar a la madre en el momento del parto. Debía saber recibir al niño al nacer, limpiarlo, cortar el cordón umbilical, realizar una primera observación y, si era necesario, practicar una cesárea. Pero su actuación iba más allá del momento del nacimiento, ya que atendía a la mujer tanto durante el embarazo, acompañándola y dando apoyo psicológico, como en el posparto, atenta a la recuperación de la parturienta en cuanto a higiene y alimentación y atenta a los primeros cuidados del recién nacido[239].

---

[238] Los hombres no podían atender a una mujer de cintura para abajo (Pastor, 1994, p. 210).

[239] Pastor, 1994, p. 210; Ganso Pérez, 2017, p. 330. Un documento coetáneo a la documentación antequerana, de la Zaragoza de 1490, muestra cómo se desarrollaba la labor de la partera. Es solo un ejemplo particular, pero valioso ante la escasez de referencias escritas sobre un parto «en directo», al tratarse de un testimonio recogido por un notario a petición de la madre, una mujer que quedó viuda estando embarazada.

Aunque el texto se ha conservado muy fragmentado por rotura, se advierte que al menos una de las aspirantes es considerada más «ábile» respecto al resto de candidatas, aunque todas ellas tenían cierta práctica como parteras. La seleccionada es mencionada como «maestra», por tanto una mujer ya reconocida en su oficio por sus conocimientos y su experiencia. El término «maestra» lleva a pensar que otras mujeres podían aprender de ella el oficio de forma oral y en la práctica, asistiéndola en los partos. Una vez más, su nombre es desconocido al leer las actas capitulares, al ser identificada solo por el apodo o el apellido del marido[240]. Solo al cruzar datos con el *Libro de repartimientos*, se puede hallar a esta mujer recibiendo una porción de tierra bajo el nombre de Marina Hernández, junto al mismo sobrenombre[241].

Si gracias a la referencia hallada en las actas capitulares de Antequera se puede saber algo más sobre las parteras, por contra, su labor no es recogida por las ordenanzas de la ciudad, del mismo modo que ocurre en Málaga, por ejemplo, debido a que no se consideraba parte del sistema gremial. De este modo, aparece como un oficio invisible para la normativa local, como si no se

---

La actuación de la partera sucede en una habitación del domicilio de la parturienta, con las ventanas abiertas y unas velas encendidas, previamente bendecidas. Se colocaba asimismo algún artículo religioso sobre el vientre de la madre. Esta era sujetada por las axilas, mientras la partera se colocaba entre sus piernas, con un paño sobre sus rodillas y un recipiente donde recoger la sangre y el «agua» del interior de la madre. El niño era recibido sobre un paño, se extraía la placenta y se cortaba el cordón umbilical, todo ello si no había dificultades que pusieran en peligro la vida de madre e hijo (García Herrero, 1989, pp. 290-292).

[240] «Fue examinada la del Galgo e diésele logar que use por ser ábile», AHMA, AACC, f. 10v.

[241] «mujer de peón», AHMA, *LRA*, 125v; en 1517 se halla con el oficio de partera a Antonia Ruiz, Alijo Hidalgo, 1995, p. 325

tratase de una profesión, a pesar de que la partera se ve obligada a examinarse y a cumplir las normas como debía hacer el resto de oficios de la ciudad[242].

Otro tipo de asistencia protagonizada por mujeres es la realizada por sanadoras o curanderas. Estaban especializadas en tratar el mal de ojo, las fiebres, la esterilidad o las verrugas por medio de lo que se ha llamado «magia positiva»[243]. Conocidas también como «saludadoras», podían recibir incluso salario del cabildo, como la que quiere asentar a su hijo en la ciudad como «saludador», ante la necesidad de personal que sepa curar y por la demanda que existía de este tipo de profesionales por parte de los vecinos. Es de pensar que ya ejercía ella como sanadora, aunque sin estar registrada su vecindad, por lo que el cabildo le pide que se establezca definitivamente junto a su marido y así dar lugar a que su hijo pudiera también ejercer el oficio, al que se le puede considerar como su heredero en ese saber curar[244]. Una noticia más tardía de la segunda mitad del siglo XVI alude a la presencia de una morisca que se dedicaba también a sanar[245].

UNA MUJER CARCELERA

El cruce de distinta documentación ha llevado a conocer el ejemplo de una mujer concreta, perteneciente al sector privilegiado de la ciudad, que ejerció como encargada de la cárcel y de

---

[242]   Torres Díaz, 2016.
[243]   Santo Tomás Pérez, 2002, pp. 39 y ss.
[244]   AHMA, AACC, 26 de agosto de 1494, f. 24r.
[245]   Se trata de Beatriz Hernández, con el «oficio de sacar motas de los ojos», a la cual en 1571 las autoridades no expulsan de la ciudad como al resto de moriscos por su «utilidad» (AHMA, leg. 3298).

los presos de la misma, actuando por tanto como carcelera. Es el caso de la conocida como «la del alguasil», una fórmula de la que ya se ha hablado, pero que en esta ocasión el contexto refleja un uso despectivo en las ocasiones en las que se usa, cuando otras veces los documentos sí se refieren a ella por su nombre completo, Isabel de Navarrete.

Su situación es excepcional al ser una mujer la encargada de uno de los principales oficios a nivel político y administrativo de la ciudad relacionado con el gobierno municipal, el de alguacil mayor, cuyo nombramiento no pertenecía al cabildo local, sino que correspondía a los reyes. Su vida quedó enlazada por matrimonio a la familia que ostentaba este oficio desde que se conquistó la ciudad en 1410, con esa función de coordinar y velar por la seguridad de sus calles, los Chacón. Al fallecer el marido de Isabel, titular del puesto, Hernán/Fernando —algo que debió acontecer antes de 1486, cuando ella ya aparece viuda—, el cargo debía pasar a manos de otro hombre de la familia, como sería de esperar, a uno de sus hijos, en este caso a Gonzalo[246]. Pero por minoría de edad, primeramente, y por incapacidad, más tarde, es la propia Isabel como «madre e tutora» la que comenzó a ejercer el alguacilazgo de forma temporal[247].

---

[246] AHMA, FPN, C-49, f. 78r. En 1485 es nombrado alguacil mayor Gonzalo Chacón, hijo de Isabel (Biblioteca de la Real Academia de la Historia. Colección Salazar, Legajo D, carpeta 27, n.º 4).

[247] Caso similar se da en Jaén con Teresa de Torres, que ejerce el cargo también de alguacil mayor tras el asesinato de su marido, Miguel Lucas de Iranzo, en 1473 en calidad de tutora de su hijo, menor de edad (García Benítez, 2023, p. 159). Se conocen ejemplos semejantes en otras partes de España, aunque ya del siglo XVIII (Millán de Silva, 2017, pp. 215-228).

Una de las condiciones que a ella como cabeza visible parece que se le va a imponer de manera reiterada por el gobierno municipal es la de elegir a una figura masculina que ocupase el oficio *de facto* y que al menos actuase en su nombre[248]. Una situación que se antojaba temporal, mientras su hijo no contase con la mayoría de edad[249], se va a alargar desde el momento que en torno a 1493 se le considera a este no apto para el ejercicio del cargo por su incapacidad[250], siendo a partir de entonces cuando Isabel aparece mencionada como su «tutora e curadora», lo que la capacitaba para actuar en su nombre y lo que provocó que fuera ella, como primera cabeza de familia, quien continuase ejerciendo de alguacil mayor. A pesar de que como tal le correspondía el derecho de participar de las reuniones del poder local, nunca es nombrada de entre los miembros del cabildo reunidos en el ayuntamiento. A todas luces una mujer no podía participar de la vida política de la ciudad. Para tales ocasiones, siempre se registra la presencia en sede municipal de un sustituto, siempre masculino, elegido a propuesta de ella, como señala la documentación[251].

De este modo, son varios los vecinos que ocupan de forma interina el alguacilazgo mayor. En 1486, el «alguazil teniente» saliente es Juan Martínez de Alcaudete, en el momento en el que

---

[248] «La dicha Ysabel de Navarrete dixo que ella daría una buena persona que toviese la vara del alguasil e pusiese buena guarda e recabdo en la dicha cárçel», AHMA, AACC, 16 julio de 1495, f. 125v.

[249] En el derecho medieval la mayoría de edad se situaba según la legislación medieval de las Partidas en veinticinco años (Arévalo Caballero, 2011, pp. 40-94).

[250] «Puede aver quatro años, poco más o menos tienpo que […] perdió la memoria e seso e sentido natural», a causa de lo cual fue ingresado en el Hospital de Inocentes de Valencia (AGS, RGS, 149709, 11).

[251] «… que ponga […] una persona que tenga el dicho ofiçio de alguaziladgo», AHMA, AACC, julio de 1494, f. 18v.

la propia Isabel lo rechaza para dejar paso a Fernando de Alarcón, bajo el juramento de «guardar los secretos del Cabilldo»[252]. Dos años más tarde está ocupando el cargo Juan de Atienza[253]. Ya en 1494 son nombrados Francisco de Solana, Gonzalo de Avendaño y, desde agosto, García de Villadiego, que será sustituido en 1496 por García Seco[254]. Esta sucesión de nombres hace ver lo poco que duraba la confianza sobre el sustituto elegido.

Sin embargo, la responsabilidad de esta mujer no solo se basaba en tener que buscar a alguien que actuase como alguacil. A ello hay que añadir la labor de poner a buen recaudo a los presos en la cárcel, que parece depender de forma directa de ella, «hera obligada» a ello, dice la documentación[255]. Tanto es así que el propio cabildo municipal la hace responsable de las fugas que se estaban produciendo por el mal estado del edificio que servía de prisión: «De la cárçel pública de esta çibdad se avían ydo çiertos presos y el ofiçio de alguasilladgo no era bien administrado [...] sus altezas tornasen a ella e a sus bienes e non a la çibdad»[256].

Frente a las numerosas líneas que en las actas capitulares se dedican a señalar el origen de este concreto problema de seguridad, la respuesta de la mujer es recogida de manera escueta. Nunca es llamada para acudir a prestar declaración en la sede del gobierno local, sino que son dos miembros del cabildo (un alcalde ordinario y un regidor) los que se acercan a su residencia

---

[252] «A petición de Ysabel», AHMA, FPN, C–49, f. 78r.
[253] AHN, Sección Nobleza, Archivo de los Duques de Osuna, C. 61, Doc. 76.
[254] AHMA, AACC, ff. 2r, 9r, 18v y 125v.
[255] Se le insta a poner «cobro en los presos que a la cárçel vienen» (AHMA, AACC, f. 18v), en una fecha indeterminada de julio de 1494, debido a la laguna existente en el legajo consultado entre el día 6 de junio y 1 de agosto de ese mismo año.
[256] AHMA, AACC, f. 18v.

para entregarle una carta, junto a un escribano público que debía registrar por escrito la respuesta, cuyo contenido total se desconoce al ser resumida para su inclusión en las actas capitulares en solo cuatro líneas.

En primer lugar, se solicita que sea ella quien deba buscar y elegir —de nuevo— a otra persona para que actuase de hecho como alguacil mayor. En segundo lugar, cualquier «daño» sería «a su culpa y cargo», por lo que toda la responsabilidad en última instancia recaería sobre ella y sobre sus bienes, si llegase el momento de responder ante los reyes. Dicha responsabilidad, por otra parte, es asumida por ella misma como mujer y en primera persona, como lo expresa en su contestación de manera tajante «que ella está presta de ello». Sus palabras hacen ver que ella estaba dispuesta, que estaba preparada para el cuidado de la cárcel, situada en «casas» de su propiedad, y para la vigilancia de los presos allí alojados. A ello se suma que quien era llamado para actuar de alguacil mayor y «carçelero» de manera interina debía dar parte de su actuación a la propia Isabel, en pro de mantener una comunicación directa entre ambos, aunque en determinadas circunstancias el cabildo mismo parece que le insta a que no lo hiciera[257].

Al transcurrir el tiempo, a pesar de la confianza depositada en determinados hombres por parte de Isabel de Navarrete, el problema de las fugas de la cárcel no parecía solucionarse, no tanto por la mala gestión de todos ellos, sino más bien por las inadecuadas medidas de seguridad, que tenían mucho que ver con

---

[257] «… que non dé parte a la del alguasil», AHMA, AACC, 4 de marzo de 1496, f. 108v.

una inadecuada conservación del maltrecho edificio destinado a presidio[258]. Esto lleva a que en el verano de 1496 el cabildo envíe una comisión formada por varios miembros del gobierno local «a las casas de la morada» de Isabel para pedirle que los presos fuesen custodiados en otro edificio distinto o se haría construir una nueva cárcel[259]. La primera medida que ella toma fue confiar el cargo a una nueva persona. Asimismo, cuando se le reitera que asuma su responsabilidad, Isabel acepta y se reafirma en sus intenciones, en sus mismas palabras «que ella respondería», a pesar de las dudas que existían entre jurados y regidores sobre su gestión: «Algunas personas están querellosas [...] de ella». De este modo se insiste y se solicita pedir «cuenta a la del alguacil», a Isabel, «de los presos que se le an ydo de número de tres o quatro meses a esta parte». El malestar por la situación y por otros motivos, como cobrar cierto dinero que tal vez no le correspondía, provoca que desde cierto sector del cabildo municipal se quiera llevar ante la justicia, ante el alcalde mayor, a ambos gestores —a Isabel y a su hombre de confianza— para depurar responsabilidades: «Así de soltar presos o cohechos o agravios»[260].

No habría que obviar que estas disputas en el seno del poder local están muy conectadas con la división del mismo en dos facciones, bandos o partidos que existían en la ciudad: los Narváez, por un lado, y los seguidores del alcalde mayor, Alonso

---

[258] «Por non aver aquel recabdo de cárçel y carçelero que convenía, se avían ydo muchos presos», AHMA, AACC, 16 y 22 de julio de 1496, f. 125v.

[259] «Pero Gonzales de Ocón, regidor, dixo que si la cárçel avía de estar en logar donde oy estava, que hera en casa de la de Fernando Chacón, que non era ello, sino que fisiesen cárçel como en las otras çibdades e villas, porque dixo que hera en perjuisio de la execución de la justicia», AHMA, AACC, 22 de julio de 1496, f. 96r.

[260] Se pide «cuenta a la del alguacil» (AHMA, AACC, 13 de agosto de 1496, f. 97v).

de Aguilar, por otro. Dicha rivalidad se hace patente cuando uno de los alguaciles elegidos por Isabel, Villadiego, que había estado al servicio como caballero de don Alonso, a lo cual tuvo que renunciar previamente por escrito para hacerse cargo del oficio en Antequera, es denunciado por un miembro del clan Narváez por actuaciones injustas como alguacil. Este respondió que la denuncia era más «por el odio e enemistad» que le tenían[261].

Finalmente, será en 1497 cuando otro hijo de Isabel de Navarrete, Fernando, se haga cargo del oficio de alguacil mayor de forma directa para así terminar con la supuesta mala gestión que durante más de una década se había llevado a cabo por una mujer y por los hombres en los que ella había confiado para un oficio que «no se servía ni usava ni exerçía en la dicha çibdad como cunple a nuestro servicio»[262].

Este ejemplo de Isabel ilustra a las claras que no les estaba permitido a las mujeres participar en las tareas de gobierno y administración. Es más, cuando se producía el traspaso de un cargo por renuncia del titular —que suele ser en beneficio de un familiar o de un allegado—, si este no tenía hijos, lo más que se acercaba una mujer a los resortes del poder, como hija y supuesta heredera, era cuando su marido, el yerno, aparecía siendo el beneficiado[263].

Solo algunas figuras femeninas, las que son mostradas como mujeres principales, que aunque no ocupan la primera línea política de la ciudad, sí reflejan cierto poder, como en el caso de

---

[261] AHMA, AACC, 5 de enero de 1496, ff. 94rv y 77rv.
[262] AGS, RGS, 149709, 11.
[263] Como en AGS, RGS, 147703, 153: «Podades renunçiar e traspasar en Rodrigo de las Finojosas, vuestro yerno, el dicho ofiçio de regimiento de la dicha çibdad».

las esposas de los sucesivos alcaides de la ciudad. Es el ejemplo de Beatriz de Monsalve, a la cual, como esposa de Rodrigo de Narváez, el primer alcaide tras la conquista, y madre de los siguientes alcaides de la ciudad, se le reconocen a ella los servicios prestados al mismo nivel que a su marido y sus hijos[264]. Otra mujer que aparece nombrada como esposa de una importante figura masculina es Beatriz de Rojas, cabeza visible de uno de los linajes más fuertes de la ciudad, los Narváez, como se conoce en la documentación a la extensa prole que forman sus herederos. Esta mujer es señalada en los textos como propietaria junto a su marido y siendo ya viuda de casas en el sector del castillo de la ciudad y de tierras de labor[265].

El variado papel socioeconómico de las mujeres

Sin duda, la mayor parte de noticias que señala la documentación hace referencia a mujeres de caballero, por tanto del grupo de grandes y medianas propietarias, aquellas que tras décadas aparecen como herederas de las tierras repartidas en los primeros procesos de repartimiento y, por tanto, con cierto poder económico. Los textos son claros en este aspecto cuando señalan

---

[264] Así es mencionada cuando se le concede a Antequera el título de ciudad en 1443 (AHMA, *LDR*, f. 11v): «E yo, el sobredicho rey don Juan, conosçiendo la mucha e buena lealtad e fiança que yo […] en doña Beatriz de Monsalve, […] he fallado y fallo en las cosas conplideras a mis servicios». En 1448 aún vivía en Sevilla (Kirschberg, 2011, p. 479).

[265] AHMA, FPN, leg. 1870, f. 147, 26 de febrero de 1515; Moreno López, 1996, p. 133; y «fue dado a Hernando de Narváez e a su muger Beatriz de Rojas», AHMA, *LRA*, ff. 115r y 179r.

la pertenencia de extensas propiedades en manos femeninas[266]. Es el caso de la viuda de un caballero de la ciudad que, como gran propietaria, presenta una petición al ayuntamiento formando parte al mismo nivel de un grupo de destacados dueños de tierra, siendo todos los demás hombres («tenemos cortijos y tierras de pan llevar»)[267].

Generalmente, se muestran como herederas de terrenos, total o en parte, tras haber pertenecido a unos antecesores masculinos, sea el abuelo, el tío o el padre. Es lo que sucede con las tierras de «Los Alimanes», que antes de 1450 habían sido concedidas por el rey Juan II al escribano Aroche. Al morir este, se dividió la propiedad entre sus hijos Juan y Rodrigo de Acosta, quienes dejaron sus correspondientes lotes como herencia a sus respectivas hijas, Catalina y Ana[268]. Hacia 1496 el reformador del repartimiento, cumpliendo la promesa hecha por la Corona en 1491 debido a los servicios prestados[269], le concede al marido de la segunda, Gonzalo, la totalidad de tales tierras[270], que serían confirmadas al año siguiente por los reyes[271]: «Le fueron dadas […] e que él las ha tenido e tiene e pose del dicho tienpo acá»[272]. Esto se produce sin atender a aquella división que tuvo lugar por herencia, lo que

---

[266]   «A ella le pertenecían», «a ella pertenece»; AHMA, *LRA*, ff. 49v y 132v.

[267]   Se trata de la mujer de Mancha (AHMA, AACC, 13 de mayo de 1494, f. 15v).

[268]   AGS, RGS, 149909, 341, y 150003, 409.

[269]   Lo que se concreta en 1493 tras no poderle haber entregado alguna propiedad en la ciudad de Málaga, donde se había asentado como vecino, y tras perder lo concedido tras el debate por límites con la población de Archidona (AHMA, *LRA*, ff. 69r-70v, y 88v-89r).

[270]   «Que son de su suegro y de su padre de ella», AGS, RGS, 150003, 409.

[271]   «En lo que quedó por término de la dicha çibdad después de terminado el debate que tenía con Archidona», AHMA, *LRA*, f. 149r.

[272]   AGS, RGS, 149911, 158.

llevó a Catalina de Acosta a iniciar un pleito contra el marido de su prima en reclamación de su mitad de la tierra de Los Alimanes por supuesta ocupación indebida[273]. En 1497 se mencionan esas mismas tierras heredadas por Ana de Acosta, pero que estaban siendo gestionadas por su marido[274]. Siempre es este quien es nombrado en la documentación, tal vez actuando en nombre de su mujer o, como se deduce de algún texto, como tutor en la tutela de tales tierras cuando estas aparecen ligadas a «los menores de Gonçalo»[275]. La reclamación realizada por Catalina se produce entre 1499 y 1500, cuando denuncia que el marido de su prima tenía ocupada su parte de forma ilegítima tras considerarlas tierras integrantes de la concesión real que había recibido Gonzalo[276], cuando esa mitad le correspondía a ella por herencia de su padre y de su abuelo: «Que a él non se le dyo más parte de aquella que de derecho le podyera pertenesçer»[277].

Así, se observa cómo una mujer actúa como propietaria en su propio nombre, mientras otra, también propietaria, se ve representada por una figura masculina que vela por sus intereses propios, por los de su mujer y los de sus herederos, ante el interés de mantener lo ya concedido en el último proceso de repartimiento, lo que en definitiva remitía a la idea de devolver la integridad a unas tierras que en algún momento de la se-

---

[273] «Le han requerido que le dé e entregue la mitad de las dichas tierras que [...] non lo ha querido hacer», AGS, RGS, 150003, 409.

[274] «... la mitad de lo de Alimanes que se dio a su suegro», AHMA, *LRA*, ff. 132v y 145r.

[275] En 1498 (AHMA, *LRA*, f. 190v).

[276] «... vesina de la dicha çibdad de Málaga, desiendo ser vesina de esa dicha çibdad de Antequera», AGS, RGS, 149911, 158.

[277] AGS, RGS, 150003, 409.

gunda mitad del siglo XV habían sido divididas por herencia y que, tal vez, como tierras pertenecientes a una misma familia no estuvieron bien delimitadas. Todo parece apuntar hacia un caso de abuso de posición por parte de Gonzalo al intervenir como representante de los bienes de su esposa, con la intención de ocupar la parte heredada por la prima de la esposa, bajo la excusa de tener concesión real, incluso llegando a negar que Catalina fuese vecina de Antequera. Posiblemente, este caballero se acoge a lo concedido por los reyes (dos tercios de lo prometido) para tener derecho a ocupar la parte heredada por la prima de su mujer para así finalmente tener completado el lote asignado.

También se halla a alguna mujer, igualmente bajo el estatus de caballero, que muestra su capacidad económica con la cantidad de tierra recibida y por ser capaz de actuar como fiadora de un hombre que por subasta adquiere el uso de un horno municipal[278]. En otros casos, son las mujeres las que muestran iniciativa propia a la hora de intentar recaudar el importe necesario para el rescate de unos familiares cautivos al otro lado de la frontera en territorio granadino. Así les sucede a las vecinas que reciben en empeño ciertas telas y unas pulseras de plata a cambio de cierta cantidad de dinero, del que esperaban recibir el 10 % de interés cada mes con el objetivo de costear la liberación del marido de una de ellas[279]. En otro ejemplo también se aprecia el importante esfuerzo que se debía realizar en este tipo de situaciones, como cuando una mujer tiene que vender una casa para pagar la libertad de sus parientes[280].

---

[278] Se trata de Inés Fernández (AHMA, AACC, 1 de enero de 1495, f. 44v).

[279] AHMA, FPN, C-49, f. 64r.

[280] AHMA, FPN, C-49, f. 65rv.

Una fuente propia de rentas para las mujeres de la oligarquía local era el ganado. Ocurre así en el caso de Catalina Pacheco, mujer de don Alonso de Aguilar, el alcaide de la ciudad en las últimas décadas del siglo XV, la cual aparece en calidad de propietaria de ganado al mismo nivel que su marido. Como «alcaidesa» parece aprovecharse de su posición privilegiada por su «mucho apellido»[281] para cometer ciertas licencias abusivas, como arrendarse a sí misma o subarrendar a otros la dehesa concejil, algo que solo concernía al cabildo local. Por ello, se buscaba algún subterfugio, como recibir en calidad de traspaso la dehesa de quien la tenía arrendada o como llevar a pastar a sus animales de forma indebida a los términos de Antequera, al intentar mover un número excesivo de cabezas, todo ello vetado por la posición de alcaide que ocupaba el marido[282].

Sobre esta cuestión, en nombre de los vecinos el cabildo venía quejándose desde años atrás del ilícito aprovechamiento que esta mujer realizaba de pastos y abrevaderos «porque el número, asy de vuestra merçed, como de la señora Catalina, era tanto que para él solo eran neçesarios todos los términos de esta çibdad»[283]. Algunas frases extraídas de la documentación aluden a que Catalina hacía caso omiso del mandato real de retirar el ganado: «Haseys traer en los términos de la dicha çibdad todos los ganados que quereys»[284]. A su vez, aunque no conocemos el contenido exacto, esta señora parece intervenir en los asuntos del gobierno municipal e influir en sus decisiones, como cuando

---

[281]   AHMA, AACC, 6 de noviembre de 1495, f. 85v.
[282]   AGS, RGS, 149801, 132.
[283]   AHMA, AACC, f. 85v.
[284]   AGS, RGS, 149812, 274.

envía una carta al cabildo con la intención de anular la prohibición de vender vino en los mesones de la ciudad, sobre todo porque no beneficiaba a uno de los establecimientos que le pertenecían a ella y al alcaide, su marido[285].

En cuanto a los contratos de alquiler y de compraventa de viviendas, aparecen en la mayoría de los ejemplos consultados los nombres completos tanto del hombre y la mujer que ceden el inmueble como los del hombre y la mujer que van a ocuparlo, en un tipo de documentos que tienen que ser lo más descriptivos posible debido a su importancia legal[286]. En el caso de ser viuda es la mujer quien encabeza la compra, sin intermediación masculina, aunque sin dejar de lado la mención al marido difunto[287]. Por tanto, se recoge a quienes encabezan la unidad familiar como propietarios del inmueble, tanto al hombre como a su mujer, por lo que ellas también son protagonistas de las transacciones económicas que se realizaban en la ciudad.

En los protocolos donde se recogen los actos documentales en los que aparecen las mujeres, estas suelen acudir al escribano en primera persona, con nombre y apellidos, siendo las casadas

---

[285]   «Vendían vino en sus mesones contra las hordenanças de la çibdad»; «manden ver una carta de la señora doña Catalyna que a vuestras merçedes enbya, y vysta, a vuestras merçedes suplico lo que asy an mandado se suspenda», AHMA, AACC, 19 de septiembre de 1494 y 6 de febrero de 1495, ff. 26r y 33r.

[286]   Como se observa en los Protocolos Notariales de la ciudad, «yo Cristoval de Toro e yo Maria de Armenta su muger veçinos […] damos a çenso […] a vos Juan Vanegas e Maria Gonçales» (AHMA, FPN, leg. 1313, f. 50v., 11 de junio de 1509). «Fernando de Narváez mi padre e de Beatriz de Rojas mi madre», leg. 1870, f. 147, 26 de febrero de 1515; «a vos Juan Palomino e Elvira Martin», leg. 17 (ABC)-64, f. 175r, 15 de diciembre de 1521. También en C-49, f. 71r.

[287]   «… a vos, Elvira Fernandez, muger de Pedro de Narváez», AHMA, FPN, leg. 1870, f. 147, 26 de febrero de 1515.

las que acuden con «licencia» de sus maridos, como en la carta de perdón que se expide en nombre de una madre y una hija a favor del asesino del padre de familia[288]. Otras veces está actuando en su nombre algún varón, como un hijo[289].

Otro aspecto que tener en cuenta es el papel de las mujeres como testigos, cuando son llamadas por las autoridades para reconstruir determinados hechos. Por lo general, no se aceptaban testimonios femeninos, aunque era preceptivo que se hiciera de forma directa en aquellos pleitos en los que se veían involucradas las mujeres, como en temas de virginidad, embarazo o violación; en definitiva, cuando tienen que ver con el cuerpo femenino, por haber estado presentes en determinados lugares (lavaderos, hornos) o por la implicación directa de una mujer en cuestión[290].

Cuando se requiere recabar las palabras de una vecina concreta, el escribano o el juez debía personarse en su vivienda para poderla interrogar[291], como se aprecia en el caso ya visto de la mujer del alguacil mayor de Antequera, Isabel Navarrete[292]. En otras ocasiones, cuando ciertas mujeres tienen que defender sus propios intereses, son ellas mismas en primera persona las que se presentan ante los miembros del cabildo municipal para realizar sus peticiones de forma directa, por lo general mujeres solas[293], sin

---

[288]   «… perdonaron […] la muerte de dicho Alonso Martines», AHMA, FPN, C-49, f. 49v.

[289]   AHMA, FPN, C-49, f. 58v.

[290]   Segura Graíño, 1983, p. 89; Madero, 2008.

[291]   Pastor, 1994, pp. 200-201.

[292]   «… a las casas de la morada», AHMA, AACC, ff. 18v y 125v.

[293]   Como las propietarias de tierras Catalina Martín e Inés Martín o las vecinas Mari Martines y María Gonzales, que tienen arrendada una tienda cada una, cuyos nombres siempre van seguidos de la expresión «dio su petiçión en que dixo» (AHMA, AACC, 6 de marzo de 1495, ff. 56rv), o cuando se recoge que una vecina «razonó por

que falte tampoco la esposa del teniente de alcaide apareciendo ante las autoridades para quejarse por unas obras que afectaban a un solar de su propiedad[294]. En el *Libro de repartimientos* las reclamaciones de algunas vecinas se realizan oralmente ante los cargos públicos de la ciudad, varios testigos y el escribano, que es quien al fin y al cabo debe recoger por escrito las palabras de las reclamantes[295].

Por el contrario, son personajes masculinos los que sí parecen presentarse en nombre de alguna mujer, dando por válidas como prueba judicial las palabras que son transmitidas por medio de la presencia y de la voz de un hombre. Ocurre así cuando se usan fórmulas como «dixo una muger», «le dixo una mujer» o «su muger de este testigo dixo»[296]. Por tanto, las palabras del hombre, que son las que se recogen directamente en el escrito, deben ser tomadas como las palabras que fueron oídas de alguna mujer. En estos ejemplos la parte femenina no tiene voz directa para ofrecer su testimonio, más bien se habla por y sobre ellas, sin mencionar sus nombres, dato que se muestra irrelevante para el asunto que se debiera tratar. Para su identificación solo bastaba saber cómo se llamaba la figura masculina con la que se la relacionaba. Sin embargo, cuando en algunos asuntos la documentación utiliza la fórmula «en nombre de» no parece que el papel del hombre sea el de sustituir a una mujer o para situarse en un primer plano por delante de ella, sino que actúa como su representante en de-

---

la palabra» (AHMA, *LRA*, f. 48rv).
[294]   «Pidió a la çibdad le mandasen desagraviar», AHMA, AACC, 16 de octubre de 1496, f. 81r.
[295]   La fórmula «en presençia de mí» certifica que todo sucede a ojos del escribano (AHMA, *LRA*, f. 48r).
[296]   AGS, Cámara de Castilla, Pueblos, leg. 2, s. f. 1508, noviembre, 11. Sevilla.

terminadas circunstancias, como no poder trasladarse desde otra localidad. Para ello los hombres debían presentar un permiso firmado por la mujer, como muestra el siguiente fragmento: «… por virtud de un poder que de la dicha Teresa Rodríguez mostró»[297].

Más desconocido y difícil de averiguar es la función que tuvieron aquellas mujeres que sin duda están detrás del término genérico de «vecinos», sobre todo en los debates de tipo popular que entre finales del siglo XV e inicios del siglo XVI se producen en la ciudad. Como válidas cabezas de familia algunas vecinas debieron estar presentes en ellos para mostrar su voz en defensa de unos intereses comunes a una parte de la vecindad. Un buen ejemplo, en el que no sería extraño haber tenido en cuenta a determinadas mujeres, podría ser el que gira en torno a la creación de nuevas tierras para su cultivo. Es una cuestión que se halla relacionada con la tendencia ecofeminista dentro de los actuales estudios sobre las mujeres[298], donde se defiende cierta dicotomía entre la actitud agresiva y depredadora, que tradicionalmente se ha adscrito al hombre, y la menos agresiva y más cercana a la naturaleza, con una conciencia más ecológica, que tiene que ver con velar por el abastecimiento del hogar, más vinculado a las mujeres. Esto se puede traducir en términos económicos, como el interés por obtener ganancias de unos, frente al mantenimiento de la especie de las otras.

En el caso de Antequera, sin que aparezca la actuación de ninguna mujer de manera abierta, se puede observar que una serie de testimonios pueden dividirse en dos grupos de vecinos bien

---

[297] AHMA, *LRA*, ff. 12v, 49v, 51r.
[298] Segura Graíño, 2002, pp. 159-188, y 2006, pp. 97-98.

definidos: el de aquellos que defienden la postura de la ciudad, entendida como el poder local, de ampliar las zonas de cultivo a costa de ciertas áreas forestales, y el de quienes hablan en defensa de los intereses de la comunidad, a favor de mantener esas zonas boscosas y de monte para un aprovechamiento común —de leña y frutos— y en contra de una roturación indiscriminada. Esta doble actitud vecinal queda bien marcada en la documentación, aunque ninguno de los testigos recogidos con nombre y apellidos es mujer, pero no sería extraño advertir la participación femenina de algún modo dentro del grupo posicionado en defensa del espacio natural aún no humanizado dispuesto para el uso de la comunidad y en contra de la explotación agrícola de la tierra, la cual solo beneficiaría a unos pocos futuros propietarios[299]. Se trata de un tema sobre el que se podría seguir investigando.

---

[299] Según el representante de los vecinos: «De este cabo como de aquel cabo de la dicha syerra, no se deve repartir cosa ninguna para roçar porque [...] sería muy dañoso en qualquier parte que se diese por ser la dicha tierra fuerte e de mucha agua e madera e vellota e corchos, corteza e otras cosas», AGS, Cámara de Castilla, Pueblos, leg. 2, s. f., 1515, julio, 21-agosto, 3. Antequera.

6

Mujeres y hombres:
Mujeres + hombres

Uno de los ámbitos donde mejor se puede conocer la relación entre hombres y mujeres se deja sentir en el rastro documental que refleja la situación vital de las mujeres en todo lo concerniente al matrimonio. Más arriba se ha señalado la obligatoriedad de estar casado o casarse para poder asentarse en Antequera como nuevos vecinos. Era la manera de asegurar la existencia de más núcleos familiares que pudieran arraigar en esa tierra. Para favorecer la unión de nuevas parejas, en el mismo texto del repartimiento se recoge la concesión de tierras como ayuda para el casamiento. Así le ocurre a una mujer soltera en compensación de la heredad que esta había perdido junto a su hermano tras ochenta años de haber pertenecido a su familia desde el mismo momento de la conquista[300]. En otro caso, se beneficia del mismo modo a una pareja recién casada[301].

Uno de los aspectos más estudiados dentro del mismo es el económico, ya que, como contrato que era la unión entre dos

---

[300] «… para ayuda del casamiento de la dicha su hermana [donçella]», AHMA, *LRA*, f. 11v.
[301] «… tierras de que nos le heçimos merçed para ayuda de su casamiento», AHMA, *LRA*, f. 72v.

personas, conllevaba una ayuda para el nuevo matrimonio basada en el aporte de la dote que realizaba el padre de la esposa y de las arras por parte de la familia del marido[302]. De este modo, la mujer adquiría determinados bienes, que no debían tocarse como salvaguarda de su futuro, por ejemplo, por si el marido fallecía o por si el matrimonio se disolvía. Al no heredar de sus maridos, poder quedarse al menos con esta donación, según casos más o menos exigua, daba a las viudas la posibilidad de subsistir. Con relación a ello, se conoce una carta dotal de 1486 que otorga el escribano público de la ciudad de Antequera a una pareja, donde consta como dote una viña, valorada en cinco mil maravedís, y como arras la cantidad de mil maravedís[303].

En materia de herencia, la dote bien podía ser heredada por otra mujer de la familia, cuando la primera fallecía sin hijos[304]. Si por algún motivo eran ambos, marido y mujer, quienes fallecían sin heredero directo alguno, parte de la misma podía ser motivo de disputa entre el padre de ella y la familia de él[305]. Incluso se comprueba cómo un hombre transfiere a la dote sus propios bienes con un valor inferior al real, lo que provocó que este se declarase insolvente a la hora de pagar ciertas deudas, cayendo en delito de alzamiento de bienes: «Apresçiando los bienes e

[302] Sobre el régimen económico del matrimonio en el reino de Castilla: Collantes de Terán, 1997, y López Díaz, 1982, pp. 83-98.
[303] AHMA, FPN, C-49, f. 61r.
[304] «… sobre razón de quatroçientas doblas valadíes e çiertos bienes rayzes e muebles», AGS, RGS, 149002, 146.
[305] Los hermanos del marido se habían quedado con toda la herencia de los fallecidos, de ahí la reclamación del padre de la mujer (AGS, RGS, 148908, 77).

heredades que heran del dicho su marido en menos de la meatad del justo presçio que valían»[306].

En principio, los bienes que dejaba una mujer se podían repartir en partes iguales entre hijos e hijas[307], sean los suyos propios o los que su marido hubiera tenido con una anterior esposa, es decir, entre hermanos solo de padre[308]. Si se establecía mayorazgo, que evitaba la división de los bienes de la familia al ser heredados en su conjunto por el primogénito, era preferible «el varón a la fenbra» para que recibiera la herencia por completo, pero «en defecto de hijo» se abre la posibilidad de que fuese una hija la que heredase todo lo dispuesto en principio, como así se plantea respecto a los bienes del teniente alcaide de la ciudad de Antequera Gómez de Figueroa, aunque en este caso no hizo falta, ya que la herencia finalmente recayó en un sobrino al carecer de toda descendencia directa[309].

Respecto a cómo se producía la unión de un hombre y de una mujer, que daba forma a una nueva unidad familiar, no hay que pensar que siempre se realizaba por medio del sacramento celebrado por la Iglesia. Podía bastar con el acuerdo mutuo entre la pareja, un enlace civil que aparece regulado desde el siglo XIII en las *Partidas* del rey Alfonso X, siendo solo necesario contar con el consentimiento de ambos contrayentes ante un escribano público, un trámite documental que de igual modo se hacía si se llegaba a la ruptura de la relación[310]. La opción mayoritaria

---

[306] AGS, RGS, 149808, 211.
[307] Dillard, 1993, p. 44.
[308] «… dos pares de casas e muchas tierras de pan», AGS, RGS, 149101, 97.
[309] AGS, RGS, 149011, 6.
[310] Sobre este tipo de uniones de hecho y estables, muy frecuentes y populares: Córdoba de la Llave, 1986, pp. 577-580; y Pastor, 1986, p. 200. Con las Leyes de Toro

de casarse por la Iglesia permitía, por ejemplo, a alguno de los contrayentes acudir a la justicia eclesiástica para la resolución de determinados problemas que pudieran surgir entre hombre y mujer, al mismo nivel que si se acudiera a la justicia ordinaria. Dentro del matrimonio eclesiástico se podría distinguir el celebrado públicamente de aquel realizado en secreto, a espaldas de los familiares, pero siempre ante un párroco y testigos.

La vida en matrimonio podía presentar algún que otro peligro para la pareja en cuestión, como los «juegos vedados»[311], «porque muchos [hombres] se an perdido e vendido sus haziendas para jugar [e] ydose de sus mujeres», algo a lo que las autoridades antequeranas tratan de poner freno mediante ordenanzas ante tal riesgo moral y económico, como las que prohibían jugar a las cartas y a los dados al comprobarse que había vecinos que pasaban su tiempo libre apostando «dinero seco», en efectivo, a otro tipo de juegos[312]. La integridad del matrimonio también se velaba desde el cabildo cuando no se permite a los taberneros, que solo debían servir vino, ofrecer comidas en sus establecimientos, porque «onbres casados dexan sus casas e mugeres e fijos e vyénense a comer a las tabernas»[313].

Por otro lado, la documentación medieval muestra que la mujer podía ser objeto de violencia tanto dentro como fuera del ámbito familiar. Pero es en el seno del matrimonio donde queda reflejada una mayor conflictividad, en el momento en que

---

en 1505 y sobre todo a partir del Concilio de Trento de 1563 es cuando se imponen las uniones matrimoniales por la Iglesia, celebradas ante sacerdote y ante testigos.
[311]   AGS, Cámara de Castilla, Pueblos, leg. 2, s. f. [Doc. 25], 1515, agosto, 17. Burgos.
[312]   «Habían tomado otros juegos, asy como bola e birlos e herraduras, tablas e otros juegos de diversas formas», AHMA, AACC, f. 63rv, 13 de junio de 1495.
[313]   AHMA, AACC, 3 de febrero de 1495, f. 70r.

la mujer ve afectados sus propios intereses. Mientras el abandono del hogar familiar por parte del hombre en la época era vista como una ruptura temporal, por breve tiempo, cuando se trata del caso de la mujer, aparece como un hecho más prolongado. Ocurre así en los ejemplos conocidos a través del material de archivo. Se observa en ocasiones que huir con el amante podía ser la mejor salida para una mujer que buscaba superar determinadas barreras. A la luz de los textos históricos parecería que no existieron hombres que abandonaban a sus esposas, porque en los documentos consultados son ellas las que aparecen de forma destacada huyendo con sus posibles amantes y son ellas las que acaban siendo denunciadas por adulterio[314].

Los datos que analizar parten siempre de las denuncias que presentan sus maridos u otros familiares, cuando la mujer en cuestión decide marcharse con otro hombre. Es el caso de la acusación interpuesta en 1490 por un marido contra su esposa, Leonor, por adulterio y robo. La esposa se había fugado dos años antes con un criado y con cincuenta mil maravedís, además de joyas de oro y plata. En este caso es el hombre el que emprende por iniciativa propia la búsqueda y persecución de la mujer, con escaso resultado hasta que «la halló en casa del dicho Gonçalo Días, el qual dis que ge la ascondió e encubrió por dos o tres vezes»[315]. A partir de ahí intenta que la justicia regia le emitiese un documento para que, al localizar a su esposa, pudiera recla-

---

[314] El adulterio era un delito imputable a la mujer, no al hombre, y ella no podía protestar, como se concluye en diversos estudios sobre el tema: Segura Graíño, 1983, pp. 90 y 93; López Beltrán, 2001, p. 24; Mendoza Garrido, 2008, pp. 151-186; Val Valdivieso, 2010, pp. 161-184.

[315] AGS, RGS, 149006, 88.

mar a las autoridades pertinentes su arresto y poder recuperar lo robado, allí donde estuviese.

En toda esta historia no queda claro si Leonor mantuvo una relación amorosa con el criado que la ayudó a escapar en un primer momento. Solamente se sabe que al final acabó cohabitando, conviviendo, no con el criado, que ya había fallecido, sino con otro hombre, un vecino de El Puerto de Santa María. Los intentos del marido por retornarla a su lado al viajar hasta la localidad gaditana se vieron truncados cuando el hombre con el que ella vivía la ocultaba repetidamente cada vez que iba a reclamarla. De ahí que el último recurso que tuvo fue acudir a la justicia real para poder recuperar a su legítima mujer, como él mismo solicitaba.

En el año de 1500 será otro vecino quien pida justicia, cuando, según él, su esposa había sido raptada por un vecino de Úbeda, aunque cabe la posibilidad de que, en este caso, fuese la mujer, Inés, la que habría acabado fugándose libremente con este[316].

De esta manera, se comprueba que las huidas de estas mujeres, siempre acompañadas de un hombre o localizadas junto a un hombre, tienen que ver con su necesidad de buscar una relación estable y, por ende, poder subsistir. Los ejemplos pueden servir para conocer cómo se producía la separación de los dos miembros del matrimonio, de forma unilateral, cayendo en una ruptura que es reclamada por el marido como delictiva. Mientras no fueran localizadas y no se conociera nada sobre su pasado, las mujeres podían pasar desapercibidas con su nueva pareja en un nuevo y lejano entorno en el que trataban de rehacer sus vidas,

---

[316] AGS, RGS, 150001, 436.

aunque sea por medio de amancebarse, vivir con otro hombre sin llegar a casarse[317].

En otros casos se muestra cómo el tema del matrimonio era un verdadero asunto de familia, en un momento en el que los intereses familiares se situaban por encima del amor y de la libre elección de pareja[318]. Es el ejemplo de una mujer, joven, que siendo virgen y huérfana de padre y madre se hallaba bajo el control de sus familiares. Se desconocen los detalles de su situación familiar, pero casarse sería un modo de escapar de un posible ambiente no muy positivo para ella, pasando a estar protegida por el marido.

Ante ello, una pareja joven, Juana y Rodrigo, formalizaron su matrimonio en torno a 1498 «por palabras de presente ante testigos», dando su consentimiento, el «sí, quiero», probablemente también ante un escribano público y un párroco. La fórmula elegida se basaba en un contrato matrimonial, por el cual de común acuerdo «ella se otorgó por su muger e él por su marido». Todo ello se hizo en secreto, en un acto privado, pero totalmente legítimo, con la sola presencia de los contrayentes y de los testigos, sin necesidad de celebrar misa nupcial. La Iglesia reconocía estos matrimonios, mientras fueran bendecidos ante el altar y bajo ciertas circunstancias, como cuando los familiares se oponían al enlace. Así parece que ocurrió aquí, ya que los jóvenes se casan a espaldas de la familia de la novia, que solo es informada tras celebrarse la unión: «Asy fecho el dicho casamiento lo fizieron saber a los parientes de la dicha Juana e que ellos ovieron henojo»[319].

---

317 López Beltrán, 1994-1995, pp. 91-92.
318 Los pormenores se hallan recogidos en el documento AGS, RGS, 149907, 115.
319 La mujer necesitaba el consentimiento familiar (Lorenzo Pinar, 1995, pp. 49-50;

Tras confirmarse el matrimonio, la pareja se encuentra con la desaprobación por parte de la familia de la joven, sin que se conozcan los motivos para no reconocer el matrimonio (¿por el hombre?, ¿por su edad?, ¿por motivos económicos?, ¿por compromisos acordados por la familia?). Es cuando unos enojados parientes optan por raptar a la recién casada, llevándola contra su voluntad al domicilio de una de sus tías para poder convencerla, no de muy buenas maneras, de que renegase del matrimonio contraído, situándose en oposición a su capacidad de decisión. La ley permitía a los familiares realizar sobre la mujer un control informal, pero nunca les estaba permitido situarse por encima de las autoridades judiciales[320]. Como castigo y para que se arrepintiera de sus actos, la amenazaron con encerrarla en un convento e incluso con arrojarla al río atada a una piedra o a un peso con la intención de ahogarla.

Finalmente, la obligan a casarse con otro hombre, un conocido de la familia, sin cumplir con los requisitos mínimos que la Iglesia mandaba, «syn yntervenir clérigo ni otra amonestraçión alguna». El hecho de que el marido buscara en primer lugar la ayuda del vicario para localizar a su esposa y recuperarla hace ver que en el primer matrimonio intervino un sacerdote. Aunque la pareja pudo reencontrarse, los familiares volvieron a usar la fuerza para secuestrar a la joven nocturnamente para retornarla

---

Dillard, 1993, p. 48). Solo la mujer huérfana mayor de veinticinco años podía casarse sin permiso de la familia con quien quisiera según la normativa castellana. En caso de negativa familiar, dentro de la diversidad de enlaces que existían en la época bajomedieval, se podía optar por el matrimonio de juras o de furto, basado solo en el acuerdo entre contrayentes, ante testigos y con la presencia de un clérigo, un tipo de enlace situado entre el civil y el eclesiástico (Pastor, 1986, pp. 190 y 199).

[320] Bazán Díaz, 2008, pp. 222-227.

al hombre con el que se había casado de forma obligada, el cual optó por marcharse de la ciudad y, según su testimonio, violarla: «Contra su voluntad la conosçió carnalmente».

El siguiente paso que da el marido para poder reencontrarse con su esposa fue acudir a una instancia eclesiástica superior, al obispo de Málaga, lo que felizmente logró tras gastar una numerosa cuantía. Ya unida la pareja, son ambos quienes denuncian a los parientes de ella a la justicia ordinaria por todo lo ocurrido, pidiendo una compensación por los gastos e instando a las autoridades locales a intervenir en el caso. Los familiares «forçadores» fueron acusados y terminaron en prisión. Sin embargo, no tardaron en salir mediante el pago de una fianza antes de que se lograra una condena, lo que provocó que las «opresiones» continuaran contra el joven matrimonio, haciendo la convivencia nada soportable. La situación los llevó a apelar finalmente a la justicia real, que delegó en el corregidor de Antequera, como máximo cargo judicial de la localidad, para pedir de nuevo cárcel ante el comportamiento violento de unos familiares que seguían mostrándose en contra de la unión y pretendían ejercer el derecho de reprender la actitud de la mujer por encima de todo tipo de justicia.

Un ejemplo similar recoge un documento de 1500, en el que se habla del rapto de una mujer «contra su voluntad», cuando un familiar se muestra contrario al matrimonio celebrado por una pareja por «palabras de presente, segund manda la santa madre iglesia»[321]. En este caso es el hermano de ella, vecino de la localidad de Alcaudete (Jaén), donde ejercía de zapatero, quien protagoniza

---

[321]   AGS, RGS, 150011, 280.

el secuestro por su disconformidad con el enlace «porque non fue contento del dicho casamiento le llevó la dicha su muger de su casa». El marido tuvo que acudir al obispo de Jaén, que no pudo darle solución al situarse tal localidad en zona de señorío. De ahí que finalmente tuviera que pedir amparo a la justicia superior de los reyes.

Fuera del ámbito de la familia, se produce el caso del rapto cometido por unos caballeros antequeranos que, tras su estancia en Navarra prestando sus servicios en la guerra, traen a su regreso hasta Antequera, supuestamente forzada, a una mujer que les había estado sirviendo. El padre es quien reclama el retorno de la hija, junto con el sueldo de la misma y con los gastos del viaje de ida y vuelta que tuvo que realizar a la ciudad malagueña para reclamarla. No se conocen más circunstancias, pero el padre parece que podía sentir su honor manchado cuando señalaba que «resçibiría él e la dicha su fija mucho agravio e daño»[322].

Por otro lado, se halla el testimonio de un tal Pedro de Segura, que es acusado de usar «fuerça e violencia» contra la hija de un vecino de Antequera, un caso de violación del que el culpable fue perdonado al acudir a servir durante un año como homiciano en la fortaleza de Alhendín durante la guerra de Granada[323]. Como esto último no lo pudo llevar a término tras caer como cautivo durante la defensa de dicha fortaleza y por haber permanecido en manos granadinas hasta la llegada de los Reyes Católicos, estas desventuradas circunstancias le sirvieron finalmente para lograr

---

[322] AGS, RGS, 150109, 279.
[323] «… el rey de Granada […] cercó el castillo de Alhendín […] el rey moro tomó por captivos […] a todos los que falló en la fortaleza», Pulgar, 1780, III, Cap. 131, pp. 370-371.

el perdón real[324]. Así, un acusado de violencia sexual acaba siendo indultado por su servicio prestado a la Corona. En la misma situación se hallan aquellos homicianos que llegaban a la ciudad de Antequera con la intención de redimir sus penas tras haber acabado con la vida de alguna vecina o con la de su propia mujer, como la «que murió de çiertas feridas»[325].

324 AGS, RGS, 149201, 16.
325 AHMA, FPN, C-49, ff. 71r, 72r y 74v.

7

Conclusiones

Con el presente trabajo se ha tratado de dar a conocer la historia de aquellas mujeres que vivieron en Antequera a finales de la Edad Media. Todas ellas desempeñaron un papel propio dentro del desarrollo social y económico de la ciudad de aquel entonces. Las noticias que se reflejan en la documentación están mayormente relacionadas con el papel que realizan las mujeres bajomedievales en la esfera pública, fuera del ámbito doméstico y privado, que es cuando sus vidas se hacen más visibles. Aunque algunos de los ejemplos mostrados aparecen de forma individual, más valor ha tenido a lo largo de todo el análisis realizado acercarse a unas mujeres en su conjunto, como colectivo, mostrando que el artículo determinado femenino plural «las» toma un verdadero rol para su identificación.

La labor realizada de releer documentos que ya habían pasado el filtro del análisis histórico ha desembocado en un mayor conocimiento sobre aquella sociedad que se hallaba situada en un periodo de profunda transformación a todos los niveles, décadas después de la conquista castellana y tras perder su carácter fronterizo al desaparecer el reino nazarí de Granada. Son precisamente los textos históricos los que han permitido focalizar en esta ocasión el relato en las mujeres a través de distintos ejes temáticos desarrollados a lo largo de las páginas que con estas conclusiones se cierran.

En primer lugar, se trata de una historia sobre aquellas mujeres que por primera vez se establecieron en la tierra de Antequera para emprender un futuro verdaderamente incierto. No fue fácil ganarse la categoría de repobladoras, de nuevas vecinas, en un territorio vaciado de su población musulmana anterior y con un paisaje que les sería extraño. La necesidad de un techo y de una tierra para subsistir sería la condición que ellas considerarían imprescindible y atrayente para tomar la iniciativa junto a sus hombres de trasladarse al último rincón del reino castellano, que solo en la última década del siglo XV perdió su carácter de peligroso. Sin embargo, comprobar que la zona no era segura para la vida de sus familias las llevó a ser más cautas, a no acompañar a sus maridos hasta sus nuevos hogares o a alejarse de esa zona de frontera tras breves estancias. Con el paso del tiempo, algunas de ellas conservaron en la memoria —y en los documentos— el recuerdo de una tierra que era suya, que habían heredado de quienes sí se habían atrevido a permanecer en ella para no perderla y conservar su vecindad. De ahí que en el último proceso de repartimiento sean numerosas las mujeres que son registradas por la documentación, recibiendo lotes más o menos extensos de tierra o reclamando su posesión.

Su presencia como sostén de la familia era imprescindible de cara al arraigo que tanto los nuevos vecinos como las autoridades locales buscaban como objetivo principal para la recuperación de la vida de la ciudad y de su territorio. Los casos analizados permiten ver que se admitía más a una mujer sola —viudas, por lo general— que a un hombre solo, al que se le obliga a venir casado o a casarse en poco tiempo.

El establecimiento de estas primeras mujeres de Antequera lleva consigo considerarlas como propietarias de tierra en primera persona, con los mismos derechos y obligaciones que el resto de participantes en tal proceso. Su escasa proporción respecto al número de hombres que son registrados en el repartimiento no debe servir para considerar al campo como un mundo exclusivamente masculino. Aunque sí se halla de forma amplia dominado por vecinos, esas vecinas no pueden seguir siendo silenciadas por los actuales estudios históricos, como se ha hecho hasta ahora. La falta de un análisis sobre los textos de la época, sobre lo que dicen y también sobre lo que no dicen, debe superarse y corregirse para destapar la presencia de esas mujeres que tras distintos intentos pudieron adquirir tierras como auténticas propietarias.

Al iniciarse el camino de este trabajo, solo se iba a valorar el papel de un grupo determinado de mujeres, cuya identificación era muy fácil de conocer por sus nombres propios. Pero internarse en un documento tan complejo como el de los repartimientos posibilitó añadir a ese conjunto inicial de vecinas un número mayor del esperado. Esto hizo ver la importancia cualitativa de todas ellas en el proceso de reparto de tierras, por encima de toda valoración cuantitativa que se pudiese realizar. Asimismo, esa circunstancia del desarrollo de la investigación permitió reconocer lo doblemente invisibles que podían llegar a ser las mujeres del pasado y que en diversos estudios otros investigadores ya habían advertido. No identificarlas por su nombre propio en el documento del siglo XV y no tenerlas en cuenta por la historiografía, al menos del siglo XX, había dejado a aquellas que tuvieron cierto protagonismo bajo una penumbra que solo el análisis histórico podía iluminar. En cambio, se ha visto que la presencia de algunos de aquellos hombres solo era testimonial, totalmente vacía, con la única función de poder identificar a través de sus nombres y apellidos a las mujeres a las que los textos daban buena cabida. Es más, lo que se ha podido demostrar es el doble papel protagonista de todas las nuevas pobladoras de Antequera. Por un lado, como esposas que garantizaban el éxito de la repoblación, si se cumplía la condición de venir con mujer para poder establecerse en la ciudad. Por otro, como propias titulares de tierra al participar en primera persona y solas del mismo proceso de repartimiento y al mismo nivel que el resto de los hombres que, como nuevos vecinos, pretendían también asentarse en ese lugar.

Por otro lado, algunas de aquellas mujeres de finales del siglo XV eran mujeres trabajadoras más allá del ámbito doméstico. Se constata que podían trabajar fuera de casa a cambio de un salario, hasta el punto de reconocer y definir determinados ambientes como neta o mayormente femeninos dentro del tejido de la ciudad. Ejemplo de ello es el mercado y, dentro del mismo, especialmente el horno. Panaderas, horneras y clientas comparten un mismo espacio abierto a las relaciones sociales que se iban entablando día tras día en torno al calor de varias actividades económicas muy próximas y de carácter muy femenino. Lo mismo habría que decir de los «lavaderos», donde la tarea de acercarse al agua para lavar la ropa tenía a las criadas, mozas y lavanderas en general como las únicas protagonistas.

No solo se aprecia a las mujeres antequeranas de finales de siglo XV como asalariadas (pescaderas, tenderas, vendedoras ambulantes), sino también como emprendedoras, capaces de adquirir para su aprovechamiento propio tiendas, hornos y molinos que anualmente el Ayuntamiento ponía a disposición del mejor postor.

En un mundo dominado por los hombres, no sería fácil la labor de poner en marcha todos esos espacios económicos, adecentarlos y contratar a trabajadores y trabajadoras con el objetivo de sacar el suficiente beneficio para pagar al cabildo la renta estipulada cada mes, hacer frente a distintos gastos y, por encima de todo, poder subsistir.

Aunque es el sector terciario del que más pruebas escritas existen, no faltan manos femeninas en el campo, al cuidado de los cultivos y de los animales, ni en distintas actividades artesanales. Las sucesivas fases de las que consta la producción textil (la obtención de diversa materia prima, el hilado, tejer, su venta final) cuentan con la participación de las mujeres.

No hay que olvidar la existencia de prostitutas en la pequeña ciudad que era en aquel momento Antequera, sobre las que se mezcla lo económico y lo moral. Ni tampoco hay que obviar la labor femenina que se desarrolla para el cuidado de la salud de las propias mujeres y del resto de la población, como se muestra con la existencia de parteras y sanadoras, oficios que el poder local trataba de controlar por medio de normas, exámenes y sueldos.

La mayoría de todas estas mujeres trabajadoras aparecen en los textos bajo un oscuro anonimato, que solo ha podido ser desvelado por medio del cruce de informaciones procedentes de fuentes de distinto origen. Solo cuando se trata de vecinas pertenecientes al grupo más elevado de la sociedad antequerana, se puede conocer nombres y apellidos en los ejemplos donde se trasluce cierto poder socioeconómico que las hace merecedoras de ser nombradas en la documentación. Ha sido revelador conocer el caso de Isabel de Navarrete, viuda de un caballero perteneciente a una de las familias más poderosas de la ciudad desde su conquista, y a la que me tomé la licencia de denominarla «una mujer carcelera». Prácticamente, durante una década tiene que lidiar con un gobierno municipal que la veta de forma continuada para participar en las reuniones del mismo y, por tanto, queda alejada de las decisiones políticas y administrativas que en ellas se tomaban. Solo el sustituto —siempre en masculino—, que ella misma nombraba, era el único hilo que la vinculaba con el resto de miembros del ayuntamiento. Cuestión distinta era la de la responsabilidad que ella misma tenía sobre las funciones que implicaba ejercer de alguacil mayor tras el fallecimiento de su marido y la incapacidad de sus hijos. A todas luces Isabel era la responsable de que dicho oficio se administrase de forma correcta en cuanto a la seguridad de la ciudad y concretamente en relación con la gestión de la cárcel. Por lo que se puede leer en diferentes textos, ella siempre asume sus obligaciones con total y buena predisposición, manifestando abiertamente que estaba preparada para todo ello.

El último punto de este trabajo ha versado sobre la estrecha e ineludible relación que se aprecia en las fuentes escritas entre mujeres y hombres. Hay que recordar que una de las condiciones que tenían que cumplir los nuevos vecinos llegados a Antequera era la de estar casados. Por ello es el matrimonio el ámbito en el que se desarrollan gran parte de las relaciones entre los dos sexos, a la luz de las pruebas analizadas. Ambos contrayentes o sus familias debían aportar algo a la economía de la nueva unión. Por parte de la familia de ella se ofrecía la dote, en dinero o en propiedades, que se convertía en el colchón de seguridad para el futuro de la mujer en el momento en el que pudiese quedar viuda.

La violencia contra las mujeres es un tema del que la historiografía se ha ocupado desde hace poco tiempo. Pero no hay que profundizar mucho en la documentación existente para hallar situaciones de conflicto entre hombres y mujeres. De su lectura y análisis se puede conocer aspectos vitales de unas vecinas que abandonan a sus maridos para comenzar una convivencia con otros hombres. En algunas ocasiones, estas fugas, aparentemente voluntarias, se muestran como raptos perpetrados por individuos que intentan esconder a la mujer en lugares lejanos donde empezar una nueva vida. Otras veces es la familia de ella la que practica la violencia de forma clara para provocar la ruptura de un matrimonio con el que no se estaba conforme. Solo el amparo de la justicia hace que una pareja pueda resguardarse del derecho de protección que los familiares defendían como legítimo para decidir sobre el futuro de la joven mujer.

A lo largo de este trabajo de investigación, se ha pretendido poner el foco del análisis en las mujeres desde distintas perspectivas dentro de una misma historia social. La determinante decisión de muchas de ellas para establecerse en la tierra de Antequera, algunas solas en busca de mejorar su futuro, fue clave para el éxito final del proceso de repoblación. Ya sea como integrantes de esas nuevas familias o como cabezas visibles de las mismas, pudieron acceder a la propiedad de un lote de tierras con las que iniciar una nueva vida y poder subsistir.

Fueron mujeres de finales de la Edad Media, de finales del siglo XV, muchas sin nombre, otras bien identificadas, las que formaron parte del entramado social que comenzó a dar vida a una pequeña ciudad andaluza que iba a conocer un destacado crecimiento en la centuria siguiente. El trabajo emprendido desde entonces por manos de hombres y mujeres de un tiempo y un espacio concretos logró tal meta, proceso que queda bien reflejado en los documentos históricos que han llegado hasta nosotros como parte integrante de nuestro propio patrimonio cultural. Una manera de protegerlo es acercarse a todas esas fuentes escritas para crear conocimiento, como, en este caso, se ha pretendido realizar dando voz a unas mujeres que durante siglos han permanecido como sombras que ahora hablan.

8

Apéndice documental

I

1489, agosto, 18. Jaén.

AGS, RGS, 148908, 77.

Los reyes mandan que se esclarezca el pleito entre un deman-
dante y los hermanos del yerno de este, que dejó por herencia
cierta cantidad de dinero correspondiente a la dote aportada
para el matrimonio.

<Fernand García de Estepa, comisyión>
<XII [maravedís]>
Don Fernando e doña Ysabel, etc. A vos Gomes Suares de Figueroa,
alcayde de la fortaleza de la çibdad de Antequera, salud e gracia.
Sepades que Ferrand García de Estepa, vecino de esa dicha çibdad,
nos fiso relación por su petyçión disiendo que en esa dicha çibdad ovo
casado una fija suya con Alfonso Carretero, e la dicha su fija e el dicho su
hyerno duraron poco en su casamiento que fue casy un año, los quales no
ovieron fijo ninguno e que él ovo dado a la dicha su fija setenta e quatro
mill maravedís, los sesenta e dos mill que él le dio e los dose mill que el
dicho Alonso Carretero le prometyó en donaçión propter nunçias, e unos

hermanos del dicho Alonso Carretero después de asy fallesçidos el dicho su hermano e la dicha su fija avrá un año que se aproderaron de todos los bienes que él les avía dado en dote e asy mesmo de todos los otros bienes que el dicho Alfonso Carretero tenía e avían ganado durante el matrimonio, el qual por se quitar de pleyto, porque él no sabía andar en el dicho pleyto ni para se defender de los engaños que le pudiesen ser fechos, que él acordó a su ynstançia de ellos de conprometer lo que estava claro e syn debate en manos de personas que confiavan que, segund justiçia, determinaran lo que devían entre él e los <dichos> hermanos del dicho su hyerno, los quales árbritos sentençiaron e determinaron de manera que él dis que quedó leso e dabnyficado, fraudulosa e engañosamente en contya de veynte e çinco mill maravedís, poco más o menos, de la qual sentençia porque el conpromiso fue con pena de diez mill maravedís a la parte que reclamase como él quisyese reclamar fuele opuesto que avía consentydo en la dicha sentencia, e asy paresçe que escripto avía que dis que es çierto que, segund dios e verdad nunca él tal consyntyó e sy consyntyó sería no entendiendo lo que ello notyficava que sy supiera que de tal manera lo avían de agraviar, e asy sonava la dicha sentencia como después paresçió, nunca el tal consyntyera porque aunque consyntyese en ser defraudado en dos o tres mill maravedís // por se quitar de pleitos e contyendas non consyntiera en el terçio o más de la forma que paresçe.

Por ende que nos suplicava e pedía por merçed çerca de ello con remedio de justicia le proveyésemos como la nuestra merçed fuese, e nos tovímoslo por bien, e confiando de vos que soys tal que guardareys nuestro servicio e su derecho a cada una de las partes, bien e fielmente fareys lo que por nos fuere encomendado e cometydo, es nuestra merçed de vos encomendar e cometer e por la presente vos encomendamos e cometemos lo susodicho.

Porque vos mandamos que luego veades lo susodicho e llamadas e oydas las partes a quien atañe, sy fallaredes que el dicho Ferrand García fue leso en ganando en los veynte e çinco mill maravedís, lo más brevemente e syn dilaçión que ser pueda, no dando lugar a luengas ni dilaçiones de maliçia, libredes e determinedes çerca de ello lo que fallaredes por fuero e por derecho por vuestra sentencia o sentençias asy ynterlocutorias como definityvas, las quales e el mandamiento o mandamientos que en la dicha rasón dieredes e pronunçiaredes, lleguedes e fagades llegar a devida esecuçión con efecto quanto e como con fuero e con derecho devedes, e mandamos a las partes a quien lo susodicho atañe e ha otras qualesquier personas que para ello devan ser llamadas e de quien entienderedes ser ynformado e saber la verdad çerca de lo susodicho que vengan e parescan ante vos a vuestros llamamientos e enplasamientos a los plasos e so las penas que les vos pusyeredes o mandaredes poner, las quales nos por la presente les ponermos e avemos por puestas e non fagades ende al.

Dada en la noble çibdad de Jahén a dies e ocho días del mes de agosto, año del nasçimiento del nuestro salvador Ihesuchripto de mill e quatroçientos e ochenta e nueve años. Iohanes decanus inspalensis. Alonso doctor. Andres doctor. Felipus doctor. Yo, Luys del Castillo, escrivano de cámara del rey e de la reyna nuestros señores, la fise escrevir por su mandado con acuerdo de los del su consejo.

II

1490, febrero, 16. Écija (Sevilla).

AGS, RGS, 149002, 146.

Los reyes mandan que se concluya un pleito en torno a la herencia de una dote y que se permita la presencia de un procurador en nombre de una de las partes.

<Alonso Díaz de Madrid>

<Para que den sentencia en un pleito>

<A pedimiento>

Don Fernando e doña Ysabel, etc. A vos el alcayde e alcaldes de la çibdad de Antequera, salud e gracia.

Sepades que Alonso Días de Madrid, escrivano público de la çibdad de Éçija, nos fizo relación por su petiçión que ante nos en el nuestro consejo presentó diziendo que él trata un pleito en la dicha çibdad de Antequera con Gerónimo de Almería e con [en blanco], su heredero, fijo de Juan García de Almería, en nonbre e como tutriz de Catalina e María, sus fijas legítimas, e de Catalina Montera, su muger, sobre razón de quatroçientas doblas valadíes e çiertos bienes rayzes e muebles que fueron de María García de Almería, muger del dicho Juan García, de las quales ella llevó en casamiento con el dicho Juan García, su marido, e que al tienpo que fallesçió diz que dexó por su legítima heredera a la dicha Catalina Montera, su muger, porque non dexó hijos ni nietos ni otros herederos que heredasen sus bienes, el qual dicho pleito diz que a bien un año que le prosygue ante los dichos alcaldes e que nunca a podido alcançar conplimiento de justicia con muchas largas e dilaçiones ni le han querido reçebir procurador que en su nonbre prosyguiese el dicho pleito.

Asyn que por non le poder seguir en persona su justicia peresçe, e nos suplicó e pidió por merçed sobre ello le proveyésemos de remedio con justiçia o como la nuestra merçed fuese, e nos tovímoslo por bien.

Porque vos mandamos a todos e a cada uno de vos sy el dicho proçeso está concluso, sy no que lo fagades luego concluyr, fasta seys días primeros syguientes dedes en él sentencia ynterlocutoria e la difynitiva a veynte días, segund manda la ley, so pena de pagar las costas del pleito retardado // e que a vuestra costa e misyón enbiaremos persona que lo faga.

E otrosy, sy el recurso non es de nulidad que de derecho aya de reçebir en persona reçibades procurador para todos los actos de él, e non fagades ende al por alguna manera, etc.

Dada en la çibdad de Éçija a XVI del mes de febrero de noventa años. Decanus plasentinus. Iohanes doctor. Alonso doctor. Antonio doctor. Yo Alonso del Mármol, escrivano, etc.

III

1490, julio, 4. Antequera (Málaga).

AHMA, *LRA*, ff. 178v-179v.

Expropiación de tierras para la creación de una dehesa cercana a la ciudad a cambio de otras tierras como pago de la operación.

Este es traslado bien y fielmente sacado de una carta escrita en papel e firmada de algunos de los señores, alcaide e regimiento, de esta çibdad de Antequera, su tenor de la qual es este que se sigue:

Nos, alcaide y regimiento de la çibdad de Antequera que de yuso firmados nuestros nombres, deçimos que por quanto nos beyendo ser útil e probechoso para // el bien el pro común de esta çibdad e para acreçentamiento de sus dehesas para los pastos de las boyadas, de ellas obimos mandado tomar y tomamos a bos Beatriz de Rojas, muger de Hernando de Narváez, ya difunto, vezina de esta çibdad, dos yubadas de tierra calmas para pan llevar, que bos aviades e teniades de vuestro patrimonio, las quales dichas yubadas de tierras son en términos de esta çibdad, çerca del arroyo Alcáçar, junto con él y con la dehessa e porque de ellas, según dicho es, la dicha çibdad tenía nesçesidad e porque las dichas dos yubadas tienen mejoría a otras, así por ser más çercanas de esta çibdad, como porque el sitio de ellas es mejor, por nos fue mandado ver otro pedaço de tierra de las realengas en Herrera, término de esta çibdad, para bos gratificar, las quales fueron [ya] vistas por personas savidoras, fallose tener ventaja e otra cantidad más, e porque tengades conoçido las dichas tierras, bos mandamos dar esta nuestra carta de quatro yubadas de tierras por razón de lo sobredicho, las quales son en el dicho Herrera que alindan con otras tierras de bos, la dicha Beatriz de Roxas, con el camino que ba a Archidona e con la venta del monte e con el camino de Benamexil e con tierras de Alfonso de Portillo, regidor de esta çibdad, las quales dichas quatro yubadas de tierras bos damos por trueque e cambio e en // nombre de trueque si alguna cosa más bale o puede baler poco o mucho que la tal masía bos hazemos graçia e donaçión e de oy día de la hecha esta carta en adelante para siempre jamás bos damos la tenençia y posesión e señorío de ellas, según por la vía y forma que las teniades a las dichas dos yubadas del dicho vuestro patrimonio, e fagades de ellas y en ellas todo lo que quisiéredes e por bien tubiéredes como de cosa vuestra propia, de lo qual todo mandamos dar esta carta firmada de mí, el dicho alcalde, e de algunos de los regidores, jurados del dicho cavildo de el escrivano de yuso escrito.

Fecha a quatro días del mes de julio, año del naçimiento de nuestro salvador Jesucristo de mill e quatroçientos e noventa años.

IV

1491, enero, 12. Sevilla.

AGS, RGS, 149101, 97.

Los reyes mandan que se atienda una reclamación sobre una herencia.

<Andrés y Ruy Lopes y otros subsesores>
<Comisyón>
Don Fernando e doña Ysabel, etc. A vos los alcaldes de la çibdad de Antequera e a cada uno de vos, salud e gracia.

Sepades que Andrés e Ruy Lopes e Marina Lopes e Francisco y Juan, todos hermanos, herederos de Teresa Lopes, su madre ya difunta, muger que de Fernán Lopes de Estepa, ya difunto, su padre, heredera de Leonor Días, su madre e avuela de los susodichos, muger que fue del capitán Rodrigo de Marchena, ya difunto, nos fisyeron relaçión disiendo que puede aver nueve años, poco más o menos, que falleçió de esta presente vida la dicha Leonor Días, fizo su testamento e última voluntad en el qual diz que dixo e ynstituyó por sus legítimos herederos a la dicha Teresa Lopes, su fija, madre de los susodichos, e a Costançia Hernandes, su hermana, e a Juan de Marchena e a doña Marina, fijos del dicho capitán Rodrigo de Marchena, su segundo marido, segund dixeron que paresçía por el dicho testamento que ante nos en el nuestro consejo presentaron, la qual dicha Costançia Hernandes diz que al tienpo que la dicha Leonor Días falleçió, era falleçida e que al dicho tienpo que la dicha Leonor Días halleçió diz que dexó e era en sus bienes e por bienes suyos muchas cosas y bienes asy muebles como raízes e semovientes en esa dicha çibdad, espeçialmente dos pares de casas e muchas tierras de pan e villas [sic] y otras heredades e cosas e bienes, de los quales dichos bienes e cosas y herençia que asy // dexó e quedaron de la dicha Leonor Días, diz que pertenesçieron e pertenesçen a la dicha su madre e a ellos como sus herederos que ansy açebtaron e açebtan sus bienes y herençia la una quarta parte, porque la dicha Costança Hernandes diz que falleçió antes que la dicha Leonor Días, la qual diz que hera hermana de padre e madre de la dicha Teresa Lopes, su madre, diz que pertenesçió e pertenesçe a la dicha su madre e a ellos como sus herederos la otra quarta parte, e nos suplicaron y pedieron por merçed le mandásemos dar nuestra carta para que le fuesen dados y entregados los dichos bienes y herençia de la dicha Leonor Días, su avuela, las dichas dos quartas partes e la prosesyón de ellas como a herederos de la dicha su madre e a ellos mediante herederos de la dicha su avuela, e les fuese acodido con ellas e con los frutos e rentas que fasta aquí an rentado o como la nuestra merçed fuese, e nos tovímoslo por bien.

Porque vos mandamos que luego veades lo susodicho e llamadas e oydas las partes a quien atañe brevemente y de plano y no ynçitamiento. En forma.

Dada en Sevilla, XII días de henero de noventa un años. Don álvaro. Johan doctor. Andrés doctor. Gundisalvus doctor. Yo Alonso del Mármol y, etc.

V

1492, enero, 21. Santa Fe (Granada).

AGS, RGS, 149201, 16.

Perdón concedido a un vecino de Antequera por servir como homiciano en Alhendín tras violar a una mujer y por haber permanecido cautivo en Granada.

<Pedro de Segura>
<Perdón>
Don Fernando e doña Ysabel, etc. Al nuestro justiçia mayor e a los del nuestro consejo, alcaldes, alguasiles de la nuestra casa e corte e chancillería e a todos los regidores e asystentes, alcaldes e alguasiles e otras justiçias de qualesquier asy de la de [sic] villa de Segura e çiudad Antequera como de todas las otras çiudades e villas e logares de los nuestros regnos e señoríos que agora son o serán de aquí adelante e a cada uno e qualquier de vos a quien esta nuestra carta fuere mostrada o el traslado de ella sygnado de escrivano público, sacado con abtoridad de jues o alcalde, salud e gracia. Sepan vos que nos ovimos mandado dar e dimos una nuestra carta de previllejo para todas e qualesquier personas omisianos que ovyesen fecho e cometido qualesquier muertes crímenes e delitos en que non oviesen yntervenido aleve o trayçión o muerte segura e los oviese fecho e cometido fuera de la nuestra corte o sirviendo a sus propias costas e misión en la fortalesa de Alhendín por tienpo de un año fuesen perdonados e remidos [sic] los dichos crímines, eçesos e delitos que asy oviesen cometido, según más largamente en la dicha carta de previllejo se contiene, e agora sabed que Pedro de Segura, vecino de la çiudat de Antequera, nos fiso relaçión

disiendo que syntiéndose culpado en la fuerça e violençia que cometió e fiso a la fija de Pedro de Madina, vecino de la dicha çiudad, fue a la dicha fortalesa de Alhendín por ganar el dicho previllejo e que estando syrviendo en la dicha fortalesa que el rey Muley Vaudil, rey que fue de la çiudad de Granada, cercó la dicha fortalesa e la tomó e llevó cautivos todos los que en ella estavan, entre los quales avía sydo cativo y llevado a la dicha çiudad donde avía estado fasta agora que por la gracia de nuestro señor ganamos la dicha çiudad de Granada e sacamos libremente todos los cautivos christianos que en ella estavan, entre los quales salió Pedro // de Segura, e nos suplicó e pidió por merçed que pues estando él syrviendo el dicho previllejo avía sydo cautivo y llevado a la dicha çiudad, donde avía estado tanto tienpo en el dicho cativerio, que le mandásemos que le mandásemos [sic] dar nuestra carta de perdón e remisyón o sobre ello le proveyésemos como la nuestra merçed fuese, e nos acatando lo susodicho por le faser vien e merçed tovímoslo por vien, e por la presente le perdonamos y remitimos toda la toda la [sic] nuestra justiçia asy çevil como criminal que nos avíamos e podíamos aver en qualquier manera contra él e sus vienes por causa e rasón de la dicha fuerça de la hija del dicho Pedro de Madina en que dise que se halló e fue culpante para que gose el dicho previllejo, bien asy como gosara syrviera [sic] en la dicha fortalesa de Alhendín todo el tienpo que avía de servir.

Porque vos mandamos a todos e a cada uno de vos en vuestros lugares e jured.iciones que guardedes e cunplades e fagades guardar e cunplir esta nuestra carta de previllejo e todo lo en él contenido e guardando e cunpliéndola non proçedays contra él ni contra sus vienes çevil ni criminalmente de vuestro ofiçio ni a pedimiento de parte ni de nuestro procurador fiscal e promotor de la nuestra justiçia ni en otra manera, e sy algunos de sus bienes les aveys entrado e tomado o enbargado por esta cabsa, ge los dedes e tornedes e restituyays luego, libre e desenbargada-

mente syn costa alguna, ca nos alçamos e quitamos de él toda mácula
e ynfamia en que por ello aya caydo e yncurrido e le restituyemos en
su buena fama yntegra, segund e en el primer estado que estava antes
que por él la dicha muerte fuese cometida, lo qual vos mandamos que
así fagades e cunplades, non enbargante qualesquier sentençias e encar-
tamientos e pregones e proçesos que contra él se ayan fecho e çerrado,
los quales nos revocamos e damos por ningunos e de ningund valor e
fecto e queremos que no valan ni fagan fee en juysio ni fuera de él, lo
qual mandamos que se faga e // cunpla asy, no enbargante la ley que
dise asy que las cartas e alvaes [sic] de perdón dadas non valan, salvo
sy son escriptas de mano de nuestro escrivano de cámara e refrendadas
en las espaldas de dos del nuestro consejo o de letrados, e otrosy, no
enbargante la ley que dise que las cartas dadas contra ley, fuero o derecho
deven ser ovedesçidas e non conplidas e que los fueros e derechos non
pueden ni deven ser revocados, salvo por cortes, e otrosy, non enbargante
otras qualesquier leyes e fueros e derechos e ordenamientos e premáticas,
sençiones e usos e costunbres que en contrario de lo susodicho sean o ser
puedan que lo pudiesen o puedan enbargar o perjudicar, ca en quanto a
esto atañe o atañer puede quedando en su fuerça e vigor para las otras
cosas adelante e esta dicha merçed e perdón, es nuestra merçed e mandamos que le vala, salvo sy en la dicha muerte ovo o yntervino aleve o
trayçión o muerte segura, segund dicho es, e sy fue fecha la dicha muerte
en la dicha nuestra corte, e los unos ni los otros non fagades ni fagan
ende al por alguna manera so pena de la nuestra merçed e de dies mill
maravedís para la nuestra cámara, e demás mandamos al ome que vos
esta nuestra carta mostrare que vos enplase que parescades ante nos en
la nuestra corte, doquier que nos seamos, del día que vos enplasare fasta
quinse días primeros syguientes so la dicha pena, so la qual mandamos
a qualquier escrivano público que para esto fuere llamado que de ende

al que vos la mostrare testimonio sygnado con su sygno porque nos sepamos en cómo se cunple nuestro mandado.

Dada en la villa de Santa Fe a XXI días del mes de enero, año del nasçimiento de nuestro señor Ihesuchripto de mill e quatroçientos e noventa e dos años. Yo el rey. Yo la reyna. Yo Juan de Coloma, secretario del rey e de la reyna nuestros señores, la fise escrevir por su mandado, en forma. Rodericus doctor. Liçençiatus Gallego. Registrada. Sebastián de Olano.

VI

1492, febrero, 20. Santa Fe (Granada).

AHMA, *LRA*, ff. 85v-86r.

Tierras concedidas por merced real en los términos de Antequera a María Ruiz por los servicios prestados por su marido.

<El rey y la reyna>
Gómez de Figueroa, alcaide de Antequera, nos bos mandamos que deis a María Ruiz, vezina de la çibdad, muger que fue de Antón Ruiz Omiçianos, adalid, que murió en nuestro serviçio, en esa çibdad y en sus términos tres cavallerías de tierras de que nos acatando los serviçios que el dicho su marido nos hiço, le fazemos merçed para siempre jamás para ayuda a su sustentamiento suyo y de sus hijos que del dicho Antón Ruiz Omiçianos le quedaron, las quales tres cavallerías de tierras le dad en los términos de la dicha çibdad de lo que estubiere por dar e repartir, ca nos vos damos por la presente poder e facultad para ello, si neçesario e cunplidero.

Es fecha en la villa de Santa Fé, // a veinte días de hebrero de noventa y dos años. Yo el rei. Yo la reina. Por mandado del rey e de la reina, Juan de la Parra. Y en las espaldas de la dicha carta avia tres firmas y en la una decía: Acordada. Conçertada con la original e bolviose a su dueño. Fuele dada la posesión al vado de las Carretas de una yubada, e de este cabo la fuente la Çarça las dos, según que más largo pareçerá por una escritura que tiene.

VII

1492, marzo, 18. Santa Fe (Granada).

AHMA, *LRA*, ff. 83v-84r.

Tierras concedidas por merced real en los términos de Antequera a otra vecina de Antequera por los servicios prestados por su marido.

<El rey y la reyna>
Gómez de Figueroa, alcaide de Antequera, nos bos mandamos que deis a María Ruiz, vezina de esa çibdad, muger que fue de Hernán Alonso, nuestro ballestero de monte, quatro yubadas de tierras en los términos de esa dicha çibdad de las que están por dar e repartir, ca nos por la presente para siempre jamás para las poder vender e donar, trocar y cambiar e enaxenar e fazer de ellas y en ellas como de cossa suya propia, libre e quita e desenbargadamente por quanto nuestra voluntad es que así se haga e cumpla acatando los serviçios que el dicho su marido nos hiço e que murió en nuestro serviçio en la guerra de los moros.

Hecha // en la villa de Santa Fe, a diez e ocho días de março de noventa y dos años. Yo el rei. Yo la reina. Por mandado del rey e de la reina, Juan de la Parra. Y en las espaldas de la dicha carta estava una señal que deçía: Acordada.

VIII

1492, marzo, 20. Santa Fe (Granada).

AHMA, *LRA*, ff. 83rv.

Tierras concedidas por merced real en los términos de Antequera a Isabel de Tuesta por los servicios prestados por su marido.

<El rei e la reina>
Gómez de Figueroa, alcaide de Antequera, nos bos mandamos que deis en esa çibdad y en sus término[s] de lo que le está por dar e repartir a Ysabel de Tuesta, muger que fue de Juan de Palomeque, escudero de nuestras guardas, çinco cavallerías de tierras de que nos le hazemos merçed para ayuda de su sustentamiento e de un hijo suyo que le quedó del dicho marido, por quanto nuestra merçed es, que así se haga e cumpla acatando los serviçios que el dicho su marido nos hiço e porque murió en nuestro serviçio, e no fagades ende al.
Fecho en la villa de Santa Fe, a veinte días de março de noventa e dos años. Yo el rei. Yo la reina. Por mandado del rei e de la reina, Juan de la Parra. E en las espaldas // de la dicha çédula avía quatro señales de firmas que decían la una acordada. Conçertada con la original, la qual llevó Hernando de Alcalá que la presentó.

IX

1492, abril, 7. Santa Fe (Granada).

AHMA, *LRA*, ff. 84rv.

Confirmación de la merced de tierras que los Reyes Católicos realizaron a Juana Rodríguez por los servicios prestados en la guerra de Granada por su marido.

<El rey y la reyna>
Gómez de Figueroa, alcaide de Antequera. Ya sabeis como nos por otra nuestra çédula os ynbiamos a mandar que diésedes en los términos de esa çibdad a Juana Rodríguez, muger que fue de Hernán Alonso, ballestero, que murió en nuestro serviçio en la guerra de los moros, quatro yubadas de tierras e agora nos es hecha relaçión que en cumplimiento de la dicha nuestra çédula pusistes dilaçión y no la distes las dichas yubadas de tierras, suplicando e pidiendonos por merçed açerca de ello le mandasemos probeer y porque nuestra voluntad es que la dicha Juana Ruiz goze de la merçed que le hiçimos, bos mandamos que luego beais la dicha çédula y la cumplais en todo sin dilaçión, por manera que la dicha Juana Ruiz no tenga razón de se quexar.
De la villa de Santa Fe, a siete días de abril de noventa e dos años. Yo el rei. Yo la reina. Por mandado del rei y de la reina. Juan de la Parra. Y en las espaldas de la dicha çédula avia una firma. Conçertose con los originales y llebolos su dueño.

X

1493, mayo, 22. Barcelona.

AHMA, *LRA*, ff. 11rv-12r.

Confirmación de las tierras concedidas a los antepasados de una pareja de hermanos afectados por el conflicto de límites entre Antequera y Málaga.

El rey y la reyna. Bachiller Juan Alonso Serrano, nuestro corregidor de la çibdad de Málaga, Pero Gonçález // de Ocón, regidor de la çibdad de Antequera, nos fiço relaçión diçiendo como él e su hermana, donçella, tienen çinco cavallerías yubadas de tierra en el término del debate de las dichas çiudades de Málaga y Antequera, las quales diz les quedaron de su padre y abuelo, a quien el infante don Hernando que ganó la dicha çibdad las ubo dado, y a causa del dicho debate él ni la dicha su hermana no se aprobechan de ellas en lo qual diz que an reçivido agravio, suplicando e pidiéndonos por merçed çerca de ello les mandásemos probeer de remedio, como la nuestra merçed fuese, por ende, si ansí es, nos bos mandamos que en cualquier término de las dichas çibdades que las dichas tierras están las hagais dexar al dicho Pedro Gonçález de Ocón e a la dicha su hermana e le no fagais ni consintais façer de ellas mudança alguna, que nuestra merçed e voluntad es que gozen de ellas doquier que sean, aunque no sean vezinos de la dicha çibdad en cuyo están las dichas tierras, en enmienda de los serviçios que nos a hecho e porque el dicho Pero Gonçález de Ocón fue captibo en la guerra de los moros, e para ayuda del casamiento de la dicha su hermana, si neçesario es de nuebo hazemos merçed de las çinco yubadas de tierras al dicho Pero Gonçález de Ocón e a la dicha su hermana, para que las ayan e tengan e posean por suyos y como suyos ellos y sus herederos y suçesores, e las puedan vender y disponer e dispongan de ellas como de cosa suya propia avida de justo e derecho título e no fagades ende al.

Fecha en la çibdad de Barçelona a veinte y dos días del mes de mayo, año de mill e quatroçientos e noventa e tres años. Yo el rey, yo la reyna. Por mandado del rey e de la reyna, Juan de la Parra. Y en las espaldas de la dicha carta estaban quatro señales de firmas, e deçía la una, acordada.

XI

1494, enero, 20. Antequera (Málaga).

AHMA, *LRA*, ff. 48rv.

Reclamación presentada por una vecina de Osuna (Sevilla) sobre las tierras que habían pertenecido por repartimiento a un hermano suyo.

En la çibdad de Antequera, lunes, beinte días del mes de henero, año del naçimiento de nuestro salvador Jesucristo de mill e quatroçientos e noventa e quatro años. Este dicho día ante el honrado Pedro de Ocón, alcalde ordinario, y de la justiçia de la dicha çibdad, por el rey e la reina, nuestros señores, e en presençia de mí, Pedro Hernández de Córdova, escrivano público del número de la dicha çibdad por el rey e la reina, nuestros señores, e de los testigos de yuso escritos, pareçió presente una muger que se dixo por su nombre Mencía González, vezina de la villa de Osuna, e razonó por la palabra e dixo al dicho alcalde, que por quanto en un registro de Alonso de Lupión, escrivano público que fue de esta dicha çibdad, que estaba en poder de mí, el dicho escrivano, está çierto repartimiento hecho por el alcaide Hernando de Narváez a çiertos veçinos de esta dicha çibdad // en que el dicho repartimiento estaba escrito çierto pedaço de tierras que por el dicho alcaide, Fernando de Narváez, fue dado a su hermano Diego de Perales, las quales dichas tierras dixo que le perteneçían por fin e muerte del dicho Diego de Perales, su hermano, e que porque ella avía menester la dicha cláusula para la mostrar ante quien y como debiese. Por ende, que pedía e pidió al dicho alcalde mandase a mí, el dicho escrivano, sacase la dicha cláusula en manera que hiçiese fe, e el dicho alcalde dixo que lo oye e mandó a mí, el dicho escrivano, sacase la dicha cláusula en pública forma, no añadiendo ni menguando cosa alguna, salvo el día, mes e año, e la diese a la dicha Mencía González e yo el dicho escrivano por mandamiento del dicho alcalde caté el dicho registro en el qual hallé la dicha cláusula que deçía en la manera que adelante dirá[326].

---

[326] En otro lugar se puede leer: «Esta Mencía González presentó [en 1494] una cláusula que está en el libro del repartimiento de Hernando de Narváez, de diez yubadas de tierras que fueron dadas [entre 1438 y 1443] por el dicho alcaide a Diego de Perales, el colmenero del rey, que dixo ser hermano suyo, no las posee» (AHMA, *LRA*, f. 27r).

XII

1494, febrero, 6. Antequera (Málaga).

AHMA, *LRA*, ff. 49rv.

Reclamación presentada por un vecino de Osuna en nombre de su mujer sobre las tierras que habían sido repartidas al padre de ella.

En la ciudad de Antequera, lunes, seis días de hebrero, año del naçimiento de nuestro salvador Jesucristo de mil e quatroçientos e noventa // e quatro años. Este dicho día ante el virtuoso señor Gómez de Figueroa [alcaide] e alcalde mayor de la dicha çibdad en lugar del magnífico señor de la casa de Aguilar, alcaide y alcalde mayor por el rei e la reina nuestros señores, e en presencia de mí, Pero Hernández de Córdova, escrivano público de número de la dicha çibdad por el rei e la reina nuestros señores, e de los testigos yuso escritos, pareçió presente Pedro el Pollo, vezino de la villa de Osuna, en nombre de Teresa Rodríguez, su muger, por virtud de un poder que de la dicha Teresa Rodríguez mostró, el qual no ba aquí ynserto por su prolixidad, el qual dicho poder llevó el dicho Pedro el Pollo. Yo, el dicho escrivano le entregué, e luego el dicho Pedro el Pollo en el dicho nombre razonó por palabra e dixo que por quanto en poder de mí, el dicho Pedro Hernández de Córdova, escrivano, estaba un registro de Alonso de Lupión, escrivano que fue de esta dicha çibdad, en el qual dicho registro estaba çierto repartimiento de tierras fecho por el alcaide Hernando de Narváez, ya difunto, a çiertos vezinos de esta çibdad, en el qual dicho repartimiento estava çierto pedaço de tierras que por el dicho alcaide fueron dadas a Gómez Xuárez de Badaxoz, alguazil, padre de la dicha Teresa Rodríguez, su muger, las quales a ella le perteneçían las quales // dichas tierras, Dixo ser al Puerto Ximaina, por ende que pedía e pidio al dicho señor alcaide e alcalde mayor sobredicho le mandase dar la dicha cláusula de repartimiento que la dicha su muger perteneçía, mandando a mí, el dicho escrivano, le sacase en pública forma, porque la quería presentar en algunas partes que le convenían.

XIII

1494, julio. Antequera (Málaga).

AHMA, AACC, f. 18v.

El ayuntamiento de Antequera manda a Isabel de Navarrete, viuda del alguacil mayor, que elija a una persona que se haga cargo de la seguridad de la cárcel y del oficio de alguacilazgo.

<Mandamiento a la del alguasil que toviese a buen recabdo los presos, segund hera obligada, y su respuesta que pasó ante Fernando de Molina, escrivano>

Por razón de çierto mandamiento que la çibdad mandó a la del alguasil Hernán Chacón en razón de la guarda de los presos, que pasó ante Hernando de Molina, el dicho Fernando de Molina dio a mí, el dicho escrivano, el dicho mandamiento firmado de su nonbre y la respuesta que dio la dicha muger del alguasil, su thenor de la qual dize en esta guisa:

En la çibdad de Entequera, lunes, catorze días del mes de jullio de noventa e quatro años. Este día, estando en las casas de Ysabel de Navarrete, muger de Hernán Chacón, ya difunto, el honrado Pero de

Ocón, alcalde ordinario por sus altezas, e Pero Gonçales de Ocón, regidor, estando ende la dicha Ysabel de Navarrete en presençia de mí, el escrivano, e testigos de yuso escriptos, luego los dichos alcalde e regidor dixeron que por razón que la cárçel pública de esta çibdad se avían ydo çiertos presos y el ofiçio de alguasilladgo no era bien administrado a servicio de sus altezas, que le requería e requiryo que ponga la dicha Ysabel de Navarrete una persona que tenga el dicho ofiçio de alguaziladgo e que sea servicio de dios e de sus altezas e cobro en los presos que a la cárçel vienen y que si así lo hiziere, que hará bien, y lo que es obligado de otra manera que si algund daño a cabsa de lo susodicho viniese, fuese a su culpa y cargo y sus altezas tornasen a ella e a sus bienes e non a la çibdad, en cuyo nonbre dixeron que haçían el dicho requerimiento e pidiolo por testimonio. Testigos, Leonís de Narbaez e Alonso de Çayas e el bachiller Gonçalo de Padilla.

Luego la dicha Ysabel de Navarrete dixo que ella está esperando a García de Villadiego, vezino de esta çibdad, el qual ha de tomar la dicha vara de alguaziladgo. E que en quanto a poner cobro a los presos, que ella está presta de ello, poner cobro como la çibdad lo mandara. Testigos los sobredichos. Fernando de Molina, escrivano público.

XIV

1494, octubre, 13. Madrid.

AHMA, *LRA*, ff. 52rv.

Los Reyes Católicos mandan entregar cierta cantidad de tierras a Teresa Rodríguez de la Puebla como compensación de la propiedad que perdió por el conflicto de límites entre Málaga y Antequera.

<*El rey e la reina*>

Bachiller Juan Alonso Serrano, nuestro reformador del repartimiento de esta çibdad de Antequera. Teresa Rodríguez de la Puebla, muger de Pedro de Luque, ya difunto, regidor que fue de esta dicha çibdad de Antequera, nos hiço relación diçiendo que el dicho su marido le fueron dadas por el alcaide Hernando de Narváez, repartidor que fue de la dicha çibdad, diez yubadas de tierras en el Colmenar que dizen del Rei [que an por linderos las veredas de Almoxía], e que después le fueron confirmadas por el señor rei don Enrique, nuestro hermano que santa gloria aya, e que por tierra donde están las dichas diez yubadas de tierras estaban en debate con la çibdad de Málaga e Antequera obo çierta partiçión e conbenençia de los términos por manera que todas las dichas diez yubadas de tierras quedaron en el término de la dicha çibdad de Málaga, a cuya causa la dicha Teresa Rodríguez y sus hijos quedaron sin // las dichas sus tierras e las tenían perdidas, en lo qual fue reçivido mucho agravio e daño e nos suplicó e pidió por merçed le mandásemos hazer equivalençia de las dichas diez yubadas de tierras que ansí perdió en el término de la dicha çibdad de Antequera, que quedan por repartir e nos perteneçe, o como la nuestra merçed fuese, e nos tubimoslo por bien, porque bos mandamos que si así es como de suso se contiene, desdes e fagades luego dar a la dicha Teresa Rodríguez de la Puebla e a sus hijos e del dicho Pedro de Luque, su marido, por las dichas diez yubadas de tierras que así primeramente avían en el dicho Colmenar del Rei, otras diez yubadas de tierras en el término de la dicha çibdad de Antequera en la tierra que queda por repartir de la que nos perteneçe como dicho es, para que la tenga e posea en el título e por la manera e forma que

primeramente tenían las dichas diez yubadas de tierras que ansí le qui-
taron, e no fagades ende al, so pena de la nuestra merçed.

Fecho en la villa de Madrid, treze del mes de otubre de mill e qua-
troçientos e noventa e quatro años. Yo el rei. Yo la reina. Por mandado
del rei e de la reina, Juan de la Parra. E decía a las espaldas de la dicha
çédula una firma, acordad.

XV

1495, enero, 16. Antequera (Málaga).

AHMA, AACC, ff. 52v-53r.

Reclamación presentada por los herederos de Juan Ruiz de
Baena sobre las tierras que habían pertenecido a este por repartimiento y que se perdieron en el conflicto de límites con Málaga.

Muy virtuosos señores.
Mençía Ruys, muger de Fernando de Padilla, defunto, que dios aya,
e Mingo García Rasero, vesino de Osuna, marido de Catalyna Fer-
nandes, nieta del dicho Juan Ruys de Baena, e Mary Gonçales, muger
de Juan Camero, defunto, que dios aya, nyeta asy mismo del dicho Juan
Ruys de Baena, e Francisco Ortys, vysnyeto del dicho Juan Ruys de
Baena, pareçemos ante vuestras merçedes, las quales ya saben en como al
tienpo e sasón que Fernando de Narbaes, defunto, que dios aya, alcayde
e repartydor de esta dicha çibdad e de sus tierras, dio por repartymiento
al dicho Juan Ruys de Baena, dyes yuvadas de tierras que son el vyllar
con la fuente de las Cañas que es do se toma la vereda que dysen de

las Cañas e sale al posuelo del Garrovo desde la dicha fuente fasta el Colmenar, segund e como pareçe por el asyento de aquello que fue puesto en el lybro del repartymiento que por el dicho Fernando de Narbaes fue fecho, las quales dichas yuvadas de tierras nos perteneçen e pertenesçer deven e de ellas tomamos e legytymamente e prehendymos la posesión, e después vuestras merçedes por concordya, e dis que porque asy convenía al byen publico de esta dicha çibdad, dyeron a la çibdad de Málaga por su térmyno las dichas nuestras tierras con otras tierras de otros çiertos vesynos por otras // tierras que en otra parte la dicha çibdad de Málaga por término a esta dicha çibdad dio, lo qual vuestras merçedes fisyeron con tanto que en otra parte avyamos de ser satysfechos, dándonos otra tanta tierra e tan buena de que fuésemos contentos, e vuestras merçedes an conplydo con los otros vesinos a quien las dichas sus tierras fueron tomadas e les aveys, señores, dado en tierras realengas otras tantas tierras e tan buenas, e a nosotros no se nos an dado tierras algunas en que hemos reçebydo e reçibymos agravyo, no solamente por no nos ser dadas las dichas tierras, más aun tanbyén en los réditos e frutos de ellas que perdemos en este medio tienpo de esquilmar e coger, por ende a vuestras merçedes pedymos e requerymos que nos quieran remedyar e remedyen con justyçia, dándonos e mandándonos dar en otra parte otras tantas tierras e tan buenas, pues aquellas nos fueron tomadas para la çibdad e por su provecho con protestaçión que fasemos que si así la çibdad no nos remedyare, que nos queyaremos al rey e a la reyna, nuestros señores, ante quien protestamos de cobrar de vuestras presonas e byenes otras tantas e tan buenas yugadas de tierras, como nos fueron tomadas, con los rédytos e esquilmos que de aquel tienpo en adelante podyan rendyr fasta que nos sean dadas e entregadas e asy lo pedymos por testymonio al presente escrivano para en guarda e conversaçión [sic] de nuestro derecho e a los presentes rogamos que sean testygos.

*En viernes, dies y seys días del mes de enero, año del naçimiento
del nuestro salvador Yhesu Chripto de mill e quatroçientos e noventa e
çinco años, a pedymiento de Antón Sanches de Tarifa, en nonbre de los
contenidos en el dicho requerymyento, se notyficó este requerymiento al
señor alcayde e alcalde mayor Gomes de Figueroa e Juan de Eslava e
Juan de Guéscar, alcaldes, e García de Vilaldiego, alguasyl, e Rodrigo de
Santestevan e Gonçalo de la Puebla, regidores, e Alonso de Pedrosa e
Juan de Caravaca, jurados, lo qual se fiso estando ayuntados en cabyldo.
Testygos, Ruy García Syllero e Diego de Aler.*

XVI

1495, marzo, 6. Antequera (Málaga).

AHMA, AACC, ff. 56rv.

Peticiones presentadas en el ayuntamiento por varias vecinas
de Antequera en relación con ciertas tierras y al aprovechamiento de unas tiendas, junto a las respuestas dadas por el gobierno
municipal.

<Petiçión, Catalina Martín>
*Catalina Martín, muger de Juan Baxo, dio su petiçión en que dixo
que ella Gonzalo Martín, jurado, su padre, tyene una haça de tierras
çerca de la fuente la Villa e que la çibdad dio liçençia para hedificar en
ella un molino, en lo qual dixo que recibió agravio. // <Respuesta>*
*La çibdad mandó que muestre título de lo que dize e que le guar-
dará su justiçia.*

<Petiçión, Ynés Martín>

Ynés Martín, muger de Alonso Martín Gallego, dio petiçión en que dixo que ella tyene una haça de tierra en la vega a la pasada del ruedo de la Villa, camino de la Puente, que le den liçençia para haser en ella una huerta con la juridiçion del agua de las otras huertas de la çibdad.

<Respuesta>

La çibdad le respondió que sy la quisyere hazer que la haga, pero que non ha de gozar syno como viña, atento al tenor y forma de la çibdad.

<Petiçión, Mari Martines>

Mari Martines, vecina de esta çibdad, dio petiçión en que dixo que ella arrendó una tienda que está debaxo de las casas de Mancha e que al tienpo que la arrendó fue con condiçion que la adobase e que por non la adobar no ha estado ni está en ella, que la çibdad la mande dar a quien quiere e que non le lleven renta de lo pasado, pues non ha esto en ella.

<Respuesta>

La çibdad mandó que el procurador por ante escrivano notyfique a la de Mancha que repare la dicha tyenda por manera que no se lleven o corra sobre ella la renta.

<Petiçión, María Gonsales>

María Gonsales, muger de Diego Fernandes, dio petiçión en que dixo que ella alquiló una tyenda junto cabo Santa María e que los abades non le dexan vender en ella e que ella es pobre e no tyene de qué pagar la renta, que le hagan justicia.

<Respuesta>

La çibdad respondió que Puebla e Pero Gonsales de Ocón se ynformen e de lo que dize e avida ynformaçion e avida lo declaren en el cavildo e harán lo que fuere justicia, los quales lo açebtaron.

XVII

1495, noviembre, 6. Antequera (Málaga).

AHMA, AACC, ff. 126v y 85r.

Queja presentada al ayuntamiento de un grupo de hortelanos con relación a las mujeres encargadas de vender sus frutas y hortalizas.

Muy virtuosos señores.

Yo, Diego el Ryço, me encomiendo en vuestra merçed, a la qual hago saber un agravio grande que yo e otros ortelanos de mi ofyçio reçibimos en nos mandar vender nuestra ortaliza en la plaça, de causa de las vendederas que nos roban e destruyen lo que les damos a vender, que no nos acuden con la meytad de lo que hazen de la ortaliza, porque suplico a vuestra merçed mande a las dichas vendederas que reçiban por cuenta lo que les damos e nos den cuenta de ello e yo e los otros les pagaremos su dinero, porque ellas non quieren tomar la ortaliza por cuenta, syno a monto, e de esta causa, señores, ellas se llevan el provecho de toda la hazienda, en lo qual reçibimos mucho daño e agravio. E pues vuestra merçed no nos da lugar que vendamos en nuestras casas, suplicamos a vuestra merçed mande a las dichas vendederas tome por quenta la ortaliza e den cuenta e razón de ello, en lo qual reçibiremos merçed. Nuestro señor la vida y estado de vuestra merçed acreçiente como vuestra merçed desea.

Mandó la çibdad que se le notyfique a las vendederas por Pero Gonçales e Juan de la Puebla que la fruta e coles e otras cosas que se deva de contar que lo reçiban por quenta e que sy non oviere coto puesto por la çibdad, que lo vendan al preçio que el tal ortelano dyxere que lo vendan e que le acudan con el dynero, pagándole su trezena, segund que se acostunbra en otras partes e que non vendan la fruta ni otra cosa que asy les fuere dado a vender a menos preçio de lo que su dueño dixere, so pena de le pagar lo que montare lo que asy le dixeran vender al respetto de como ge lo mandó vender, antes le guarde la ortaliza para ge la entregar // e que ninguna vendedera cosarya non se exsyma de reçibir de los ortelanos e otras personas que le dieren a vender la tal ortaliza e fruta e otras cosas, so pena de dozientos maravedís por cada vez que lo contrario fiziere. E quanto al vender en sus casas, que guarden las ordenanças de la çibdad, so las penas en ellas contenidas.

XVIII

1498, enero, 25. Madrid.

AGS, RGS, 149801, 132.

Límite al número de ganado que puede entrar en el término de Antequera y prohibición de arrendar la dehesa concejil al alcalde mayor y, para quien la tenga arrendada, de traspasarla a terceras personas.

<Para que don Alonso de Aguilar non pueda meter en las dehesas un número de ganados>
Don Fernando y doña Ysabel, etc. A vos el conçejo, justiçia, regidores, cavalleros, escuderos, jurados, ofiçiales e omes buenos de la çibdad de Antequera, salud e gracia.

Sepades que por la regidençia [sic] que por nuestro mandado fue tomada en esa dicha çibdad por liçenciado de Çumaya a don Alonso Fernandes de Córdova, cuya es la casa de Aguilar e nuestro alcayde e alcalde mayor de esa dicha çibdad, e a su logarteniente en ella, paresçe que el dicho don Alonso e doña Catalina Pacheco, su muger, paçían con mucho número de ganado en los términos de esa dicha çibdad de que los vecinos de esa dicha çibdad resçibían agravio, e asy mismo que por mandado del dicho Fernandes don Alfonso e para él se arrendava la dehesa de las Cuevas de Valda que que [sic] es de los propios de esa dicha çibdad o se le traspasava por la persona o personas que la arrendavan, de que asy mismo esa dicha çibdad e vecinos de ella resçibían agravio, e el dicho don Alonso non lo podía ni devía haser por ser como es alcalde mayor de la dicha çibdad, e porque lo susodicho a nos pertenesçe proveer e remediar fue acordado que devíamos mandar dar esta nuestra carta para vos en la dicha rasón, e nos tovímoslo por bien, por que vos mandamos la qual mandamos que los dichos don Alonso e doña Catalina, su muger, amos juntamente e cada uno de ellos por sy agora ni en tienpo alguno non puedan paçer ni paçan [sic] en los términos de esa // dicha çibdad, salvo con tanto número de ganados quantos tiene e truxiere en esa dicha çibdad e en sus e términos el vecino de ella que más ganado en esa dicha çibdad e sus términos truxiere cada un año e la terna parte más, de manera que todo el ganado que el dicho don Alonso e la dicha doña Catalina junta mente o departydamente truxieren no puedan ser ni sean más de la quantía sobredicha.

E otrosy, mandamos al dicho don Alonso e a la dicha doña Catalina, su muger, que por sy ni por ynterposytas personas dierete ni ynedierete [sic] non arrenden la dicha la dicha [sic] dehesa de las Cuevas de Velda de la dicha çibdad ni persona ni personas algunas a quien en la dicha çibdad la haya arrendado ni metan en ella sus ganados so ninguna so color que sea, salvo que ese dicho conçejo pueda arrendar e arrende libremente a quien más que por ella diere en pública almoneda, e la persona que asy la arrendare no la pueda trespasar en persona ni personas algunas de qualquier estado o condiçión e calidad que sea so pena de çient mill maravedís para nuestra cámara a cada uno que lo contrario hisyere en los quales lo condenamos e avemos por condenado lo contrario hasiendo e mandamos que sea esecutada en él la dicha pena por los alcaldes de esa dicha çibdad, so pena que la paguen ellos de su casa e que el tal trespaso todavía sea en sy ninguno.

E otrosy, mandamos que los vecinos de esa // dicha çibdad ni alguno de ellos non sean obligados de dar ni den posada ni ropa a las personas que tovieren cargo de la dicha justicia de esa dicha çibdad, salvo el que ge lo quisyere al al quylar de su voluntad pagándole por ellos el preçio porque se concertare, lo qual mandamos a vosotros como al dicho don Alonso e a sus ofiçiales e a otras qualesquier personas a quien toca e atañe que asy lo guardeys e cunplays e fagays guardar e conplir, segund e en la manera que en esta dicha nuestra carta se contiene, contra el tenor e forma de ellas no vayáis ni paseys ni vayan ni pasen en tienpo alguno ni por alguna manera, e los unos ni los otros non fagades ni fagan ende al por alguna manera so pena de la nuestra merçed e de dies mill maravedís para nuestra cámara, e demás mandamos al ome que vos esta nuestra carta mostrare que vos enplaze que parescades ante nos en la nuestra corte, doquier que nos seamos, del día que vos enplazaren fasta quize [sic] días primeros siguientes so la dicha pena, so la qual mandamos a qualquier escrivano público que para esto fuere llamado que ende al que vos la mostra testimonio synado con su signo porque nos sepamos en cómo se cunple nuestro mandado.

Dada en la villa de Madrid a veinte e çinco del mes de henero, año del señor de mill // y quatroçientos e noventa e ocho años. Joan *episcopus astoricensis. Johanes dotor. Andrés dotor. Sanchus licenciatus. Joan licenciatus. Yo Alonso del Mármol, escrivano del cámara del [sic] rey e de la reyna nuestros señores, la fise escrevir por su mandado con acuerdo de los del su consejo.*

XIX

1499, septiembre, 15. Granada.

AGS, RGS, 149909, 341.

Que se atienda la petición de una vecina de Antequera sobre la mitad de unas tierras que le corresponden por herencia.

<Catalina de Acosta>
<Yniçiativa a las justicias de Antequera>
Don Fernando e doña Ysabel, etc. A vos los alcaldes e otras justicias qualesquier de la çibdad de Antequera, salud e gracia.
*Sepades que Catalina de Acosta, muger de [en blanco] de Meneses, nos fiso relación, etc., disiendo que dis que Juan de Acosta, su padre, e Rodrigo de Acosta, su hermano, vecinos de esa dicha çibdad, durante el tienpo de su vida tovieron e poseyeron las tierras que se disen de Los Alimanes que son en término de esa dicha çibdad, las quales dis que ellos ovieron e heredaron por fin e muerte de Andrés Fernandes de Aroche, su ahuelo, por merçed que de las dichas tierras le fiso el señor rey don Juan, nuestro padre que aya santa gloria, las quales dichas tierras dis que tovieron e poseyeron ella e una prima suya, fija del dicho Rodrigo //
de Acosta, la qual dicha su prima dis que se casó agora con un Gonzalo*

Rodrigues de Araujo, el qual dis que ha mandado de le tomar e ocupar su parte de las dichas tierras, disiendo que nos le fezimos merçed de ellas, en lo qual dis que sy asy pasase que ella resçibiría mucho agravio e daño e nos suplicó e pidió por merced sobre ello proveyésemos de remedio con justicia, mandando que pues ella avía heredado las dichas tierras del dicho su padre que se partiese e le fuese dada la mytad de ellas o como la nuestra merçed fuese, e mandamos que luego veades lo susodicho e llamadas e oydas las partes a quien atañe lo más brevemente e syn dilaçión que ser pueda, non dando lugar a luengas ni dilaçiones de maliçia, solamente la verdad sabida, fagades e administredes sobre lo susodicho a amas las dichas partes cunplimiento de justicia, por manera que la ayen e alcançen e por defecto de ella non tengan rasón de quexarse, e non fagades ende al, etc.

Dada en Granada a quinse de setienbre de XCIX años. Joan episcopus ovetensis. Martinus dotor. Licenciatus Çapata. Fernandus Tello licenciatus. Licenciatus Moxica. Yo Alfonso del Mármol, escrivano, etc.

XX

1499, julio, 26. Granada.

AGS, RGS, 149907, 115.

Que se aplique justicia ante la denuncia que realiza un matrimonio de Antequera contra familiares de la esposa, a la que secuestraron y obligaron a casarse con otro hombre.

<Rodrigo Gallegos, vecino de Antequera>

<Que el corregidor de Antequera le faga justiçia>

Don Fernando e doña Ysabel, etc. A vos el que es o fuere nuestro corregidor o juez de resydençia de la çibdad de Antequera o a vuestro alcalde en el dicho ofiçio e a cada uno de vos a quien esta nuestra carta fuere mostrada, salud e gracia.

Sepades que Rodrigo de Gallegos, vezino de esa dicha çibdad nos fizo relaçión por su petiçión diziendo que puede aver un año, poco más o menos tienpo, que él se desposó con una muger moça birgen que se llama Juana Alarcón, ella non tiene padre ni madre, con la qual diz que se casó desposó por palabras de presente ante testigos diziendo las palabras que para ello heran nesçesçesarias [sic], finalmente que diz que ella se otorgó por su muger e él por su marido, e que asy fecho el dicho casamiento lo fizieron saber a los parientes de la dicha Juana e que ellos ovieron henojo, e diz que la tomaron contra su voluntad de donde estava e la pusyeron en casa de una su tía para la ynçitar como la ynçitaron que negase el dicho casamiento, e diz que le pusyeron muchos temores e miedos diziendo que la llevarían a un monesterio e la echarían con una pesga en el río ahogar e que la tomaron de noche escondidamente, e diz que la desposaron con un onbre que se llama Pedro del Puerto forçosamente e contra voluntad de la dicha Juana, su esposa, syn yntervenir clérigo ni otra adminis amonestraçión alguna, lo qual como vyno a su notiçia lo reclamó // al vicario de esa dicha çibdad, e que él conosçiendo lo susodicho la sacó de donde estava con el dicho forçado desposorio e la puso en secrestaçión e la puso en secrestaçión [sic] estante, en la qual diz que sus parientes se juntaron e la sacaron de donde estava secrestada, llevando consigo aquel con quien la ovieron desposado e le entregaron la dicha Juana de Alarcón e él la llevó donde quiso, donde diz que contra su voluntad la conosçió carnalmente, sobre lo qual dis que él traxo pleito ante el reverendo ynchripto, padre obispo de Málaga, donde gastó toda su hasienda, el qual dis que ge la entregó por muger, e asy puesta en su libertad e él con ella quexaron de los dichos parientes e de la dicha fuerça de secrestaçión asy para que fuesen castygados por justicia como para que le pagasen los gastos que a su culpa le venieron, los quales diz que fueron presos, e estando el pleito pendiente fueron dados en fiados ynjustamente syn que fuesen condepnados en cosa alguna de lo contenido e lo denunçiado, en lo qual dis que él e la dicha su muger han resçibido e resçiben mucho agravio e dapno, y nos suplicó e pedió por merçed que, aviendo consideraçión a lo susodicho e a las fatigas e opresiones que en ello ha pasado, mandásemos que los dichos forçadores fuesen metidos a la cárçel donde fueron sueltos sobre las dichas fianças, pues la cabsa es criminal e la pena ha ser de derecho, dis que en sus personas se deve estar mandado advocar el dicho pleito e la determinaçión de él ante nos al nuestro consejo // porque con más rentar él e la dicha su esposa pudiesen conseguir su justicia e aquella le mandamos administrar enteramente o como la nuestra merçed fuese, lo qual visto, etc.

Porque vos mandamos que luego veades lo susodicho e llamadas e oydas las partes a quien atañe brevemente, non dando logar a luengas ni dilaçiones de maliçia, salvo solamente la verdad sabida, fagades e administredes a las partes a quien toca conplimiento de justicia, por manera que el dicho Rodrigo de Gallegos non reçiba agravio de que tenga rasón de se nos más quexar, con aperçibimiento que vos hasemos que sy asy non lo hisieredes e conplieredes quanta cosa mandaremos proveer sobre ello lo que fuere justo, e los unos ni los otros, etc.

Dada en Granada a XXVI de julio de IUCCCCXCIX años. Joan licenciatus. Licenciatus Çapata. Fernando Tello licenciatus. Ludovicus licenciatus. Yo Castañeda, escrivano y etc.

XXI

1500, enero, 11. Sevilla.

AGS, RGS, 150001, 436.

Los reyes mandan que se haga justicia a un vecino de Antequera por el rapto de su mujer.

<A pedimiento de Gerónimo de Antequera>
<Yniçiativa>
Don Fernando e doña Ysabel, etc. A vos el que es o fuere nuestro corregidor o juez de resydencia de las çibdades de Úbeda e Baeça e a vuestro alcalde en el dicho oficio en la dicha villa de Úveda, salud e gracia.

Sepades que Jerónimo de Antequera, vecino de la çibdad de Antequera, nos fiso relaçión, etc., disyendo que él seyendo casado con Ynés de Éçija, segund orden de Santa Madre Yglesia, Bernaldo de Santistevan, vecino de la dicha çibdad de Úbeda, con poco temor de dios e de nuestra justicia le llevó a la dicha su muger a esa dicha çibdad donde agora están.

Por ende que nos suplicava e pedía por merçed mandásemos que la dicha su muger fisyese vida maridable con él e mandásemos que le fuese entregada, castigando a el dicho Bernaldo de Santistevan o como la nuestra merçed fuese, lo qual bisto, etc.

Porque vos mandamos que luego veades lo susodicho e llamadas e oydas las partes a quien atañe lo más brebemente que ser pueda, hagades lo que fuere justicia, por manera que el dicho Jerónimo de Antequera alcançe conplimiento de justicia de él e <no> tenga rasón de se quexar, y los unos ni los otros non fagades ende al, etc.

Dada en Sevilla a honze de henero de mill e quinientos años. Joan liçençiatus. Liçençiatus Çapata. Fernandus Tello liçençiatus. Liçençiatus Moxica. Yo Bartolomé Ruys de Castañeda, etc. // [Marca de agua de dos martillos o picos en aspa]

XXII

1490, junio, 22. Córdoba.

AGS, RGS, 149006, 88.

Que se prenda a una mujer denunciada por su marido por adulterio y robo.

<Alonso García de Antequera, ynçiativa>
<A pedimiento>
Don Fernando e doña Ysabel, etc. A todos los corregidores, asystentes, alcaldes, alguaziles, merinos e otras justiçias qualesquier asy de la villa del Puerto de Santa María como de todas las otras çibdades e villas e logares de los nuestros reynos e señoríos e a cada uno e qualquier de vos a quien esté en dichos logares e jurediçiones, salud e gracia.
Sepades que Alonso García de Antequera, vecino de la çibdad de Antequera, nos hizo relación por su petición que ante nos en el nuestro consejo presentó diziendo que Leonor Rodrigues, su ligítima muger, puede aver dos años que se fueron a bevir a la dicha çibdad de Málaga e que estando asy en la dicha çibdad que la dicha su mujer con poco temor de dios, nuestro señor, e de nuestra justiçia se fue e absentó con Juan del Castillo, su criado que es difunto, e le llevó

robados çinquenta mill maravedis en oro e plata e joyas de su casa e
que él se ovo quexado de ello a las justiçias para que le diesen su carta
para que doquier que la dicha su muger fuese fallada la prendiesen e
la entregasen con todo lo que le avía llevado, lo qual dis que nunca
pudo hallar, e que después supo cómo estando en la villa del Puerto
que la tenía un Gonçalo Díes, nasonero, con el qual dis que después
del dicho Juan del Castillo fallesçido cometyó adulterio e que él bolvió
// a la dicha villa e la halló en casa del dicho Gonçalo Días, el qual
dis que ge la ascondió e encubrió por dos o tres vezes, en lo qual todo
dis que él ha resçibido e resçibe mucho agravio e daño e nos suplicó
e pidió por merçed sobre ello le proveyésemos de remedio con justiçia,
mandándole dar nuestra carta para que doquier que la dicha su muger fuese hallada ge la entregasen con todo lo que le avía llevado e
proçediésedes contra el dicho Gonçalo Días, como contra persona que
maliçiosamente ge la avía encubierto o como la nuestra merçed fuese,
e nos tovímoslo por bien.

Porque vos mandamos a vos e a cada uno de vos en vuestros logares e
juridiçiones que luego que con esta nuestra carta fuerdes requeridos ayays
ynformaçión çerca de lo susodicho por quantas partes e maneras mejor e
más conplidamente saberlo pudierdes e sy fallardes ser asy prendays el
cuerpo a la dicha Leonor Rodrigues e asy presa, llamadas e oydas las
partes fagays çerca de ello entero conplimiento de justiçia al dicho Alonso
García por manera que la él aya en [sic] alcançe e por defeto de ella
non tenga rasón de se nos más venir a quexar, para lo qual vos damos
poder conplido por esta nuestra carta con sus ynçidençias e dependiençias,
anexidades e conexidades, e non fagades ende al.

Dada en la çibdad de Córdova a veynte e dos días del mes de junio,
año de IUCCCCXC años. Don Alvaro. Iohanes doctor. Antonius doctor.
Andreas doctor. Yo Alonso del Mármol, etc.

XXIII

1500, noviembre, 28. Granada.

AGS, RGS, 150011, 280.

Que se aplique justicia en el caso del rapto de la mujer de un vecino de Antequera que fue llevada a Alcaudete.

<Diego de Contreras>
<De justiçia con aperçibimiento>
Don Fernando e doña Ysabel, etc. A vos los alcaldes e otras justicias qualesquier de la villa de Alcabdete, salud e gracia.

Sepades que Diego de Contreras, vecino de la çibdad de Anteque-ra, nos fizo relaçión por su petiçión que ante nos en el nuestro consejo presentó diziendo que puede aver dos años, poco más o menos, que él se casó por palabras de persona, segund manda la santa madre yglesia, con Elvira Fernandes, su muger, e diz que una [sic] hermano de la dicha su muger, que se dize Christóbal Lopes, çapatero, que es vecino de esa dicha villa, porque non fue contento del dicho casamiento le llevó la dicha su muger de su casa de la dicha çibdad de Antequera e la tiene en esa dicha villa contra su voluntad, e diz que algunas vezes ha ydo por la dicha su muger asy con cartas del obispo de Jahén como otras vezes, e que non le ha seydo entregada por ser el dicho lugar e la dicha justicia <de él> de señorío, en lo qual diz que sy asy oviese de pasar, él reçibiría mucho agravio, e nos suplicó e pidió por merçed le mandásemos dar nuestra carta por vos las dichas justicias para que le diesedes e entregasedes la dicha su muger con todos sus bienes e con las costas que sobre ello ha fecho o que sobre ello proveyésemos de remedio con justicia o como la nuestra merçed fuese, e nos tovímoslo por bien.

Porque vos mandamos que veades lo susodicho e llamadas e oydas las partes a quien toca, brevemente fagades e aministredes cunplimiento // de justicia, por manera que las partes la alcançen e ninguno tega [sic] razón de se nos venir ni enbiar a quexar, con aperçibimiento que vos fazemos que sy así non lo fizieredes e cunplieredes que de nuestra corte enbiaremos a vuestra costa persona que lo faga e cunpla, e los unos ni los otros, etc.

Dada en la çibdad de Granada a veynte e ocho de novienbre de mill e quinientos años. Filipus doctor. Joan licenciatus. Licenciatus Çapata. Fernandus Tello licenciatus. Licenciatus Moxica. Yo Alfonso del Mármol. Alonso Peres.

XXIV

1501, septiembre, 16. Granada.

AGS, RGS, 150109, 279.

Que se haga justicia a un vecino navarro que solicita que le devuelvan a su hija, que había sido llevada sin su consentimiento a Antequera por un vecino de esta ciudad mientras ella trabajaba a su servicio.

<Pascual Rodrigues>
<Yniciativa>
Don Fernando e doña Ysabel, etc. A vos el que es o fuere nuestro corregidor o jues de resydençia de la çibdad de Antequera o a vuestro alcalde mayor en el dicho ofiçio e a cada uno e qualquier de vos a quien esta nuestra carta fuere mostrada, salud e graçia.

Sepades que Pascual Rodrigues, vesino de la villa de Larraga, nos fiso relaçión por su petiçión que ante nos en el nuestro consejo presentó disiendo que al tienpo que el condestable de Navarra entregó las villas e logares que tenía en el dicho reyno de Navarra por nuestro mandado a un Juan de Ribera, dis que poso en su casa un Antón de Olmos, vesino de la dicha çibdad de Antequera, el qual dis que le demandó una fija suya para que le oviese de servir en una fortalesa que se dise Santydrián por veynte o treinta días, el qual dis que tornó a esa dicha çibdad de Antequera e que le truxo la dicha su hija syn ge lo haser saber e que sy lo susodicho asy oviese de pasar resçibiría él e la dicha su fija mucho agravio e daño.

Por ende que nos suplicava e pedía por merçed çerca de ello le man-dásemos proveer de remedio con justicia, mandando que luego le fuese dada e entregada su dicha hija e más lo que se fallase que a podido ganar de soldada en quanto que el dicho Antón de Olmos la a tenido e más las costas que a hecho dende Navarra fasta la dicha çibdad de Antequera e más la buelta a la dicha villa de Larraga o como la nuestra merçed fuese, lo qual visto en el nuestro consejo fue acordado que devíamos mandar dar esta nuestra carta // para vos en la dicha rasón, e nos tovímoslo por bien.

Porque vos mandamos que luego veades lo susodicho e llamadas e oydas las partes a quien toca e atañe breve e sumariamente, no dando lugar a luengas ni dilaçiones de maliçia, salvo solamente la verdad sabida, fagades e administredes a las dichas partes entero conplimiento de justicia, por manera que la ellos ayan e alcançen e por defeto de ella non tengan cabsa ni rasón de se nos venir ni enbiar más a quexar sobre ello ante nos, e non fagades ende al por alguna manera, etc., pena XU.

Dada en Granada a XVI de setienbre de IUDI años. Joan episcopus ovetensis. Françiscus liçençiatus. Petrus dottor. Martin dottor. Archidianus de Talavera. Liçençiatus Çapata. Fernandus Tello liçençiatus. Liçençiatus

Moxica. Yo Pero Fernandes de Madrid, escrivano de cámara, etc. Alonso Peres.

XXV

1531. Antequera (Málaga).

AHMA, Ordenanzas, f. 23r.

Normativa referente al trabajo de panaderas y horneras de la ciudad de Antequera.

Ordenanças de las panaderas
Ordenamos e mandamos que las panaderas que amasan pan para vender ayan de hazer e hagan los panes e peso cada uno de una libra de treinta e dos onças o de peso de diez e seis onças o de peso de ocho onças, e no lo hagan de otro peso e lo ayan de vender e vendan al presçio que fuera puesto por la çibdad, so pena que si fuere falto el dicho pan del peso de suso declarado y lo vendiere a más presçio incurra en pena de perder el dicho pan para los pobres e doze maravedís para el almotaçén.

Otrosí, ordenamos e mandamos que las orneras puedan vender e vendan el pan de sus poyas a las puertas de sus ornos y en las plaças públicas, e rayen en cada pan lo que pesa y las poyas que les dieren las panaderas lo ayan de vender e vendan como las dichas panaderas, so pena de perdido el pan que de otra manera se vendieren para los pobres e doze maravedís para el almotaçén, e la misma pena cuya cualquiera persona que vendiere pan a ojo.

9

Bibliografía

Alijo Hidalgo, F.: «Antequera en el siglo XV: el privilegio de homicianos», *Baetica: Estudios de Historia Moderna y Contemporánea*, 1, 1978, pp. 279-292.

Alijo Hidalgo, F.: *Ordenanzas de Antequera: 1531,* Málaga: Universidad de Málaga, 1979.

Alijo Hidalgo, F.: *Antequera y su tierra: libro de repartimientos, 1410-1510*, Málaga: Arguval, 1983.

Alijo Hidalgo, F.: «El cumplimiento pascual en la parroquia de San Salvador de Antequera, año 1517: mentalidad religiosa y datos para un estudio demográfico», *Baetica*, 17, 1995, pp. 307-333.

Alijo Hidalgo, F.: «Antequera y la frontera con el islam en la transición a la época moderna», *Baetica: Estudios de Historia Moderna y Contemporánea*, 19.2, 1997, pp. 41-50.

Alonso Hernández, J. L.: *Léxico del marginalismo del Siglo de Oro*, Salamanca: Universidad de Salamanca, 1976.

Álvarez Bezos, M.ª S.: *Violencia contra las mujeres en la Castilla del final de la Edad Media*, Valladolid: Universidad de Valladolid, 2015.

Arévalo Caballero, W.: «Excepciones a la incapacidad de obrar del impuber y del minor sui iuris y su recepción en Derecho español», *RIDROM: Revista Internacional de Derecho Romano*, 6, 2011, pp. 40-94.

Bazán Díaz, I. (coord.): *La violencia de género en la Edad Media*, en *Clío & Crimen: Revista del Centro de Historia del Crimen de Durango*, 5, 2008.

Bazán Díaz, I. (coord.): «La violencia legal del sistema penal medieval ejercida contra las mujeres», *La violencia de género en la Edad Media*, en *Clío & Crímen: Revista del Centro de Historia del Crimen de Durango*, 5, 2008, pp. 203-227.

Birriel Salcedo, M. M.ª: «Mujeres del reino de Granada: historia y género», en M. Barrios Aguilera, Á. Galán Sánchez (coords.), *La historia del reino de Granada a debate: viejos y nuevos temas, perspectivas de estudio*, Málaga: CEDMA, 2004, pp. 485-502.

Birriel Salcedo, M. M.ª: «Mujeres, género y repoblación en el reino de Granada (1570-1600)», en L. Saletti Cuesta (coord.), *Traslaciones en los estudios feministas*, Málaga: Universidad de Málaga, 2015, pp. 82-109.

Borrero Fernández, M.: «El trabajo de la mujer en el mundo rural sevillano durante la Baja Edad Media», en *Las mujeres medievales y su ámbito jurídico: actas de las II Jornadas de Investigación Interdisciplinaria*, Madrid: Universidad Autónoma de Madrid, 1983, pp. 191-199.

Cabré i Pairet, M.: «Como una madre, como una hija: las mujeres y los cuidados de salud en la Baja Edad Media», en M. Cabré i Pairet y F. Salmón Muñiz, *Curar y cuidar: vínculos terapéuticos en la Baja Edad Media*, Madrid: Antipersona, 2021, pp. 17-48.

Cid López, R. (coord.): *Oficios y saberes de mujeres*, Valladolid: Universidad de Valladolid, 2002.

Cobos Rodríguez, J. J.: *Memoria de papel: las actas capitulares de Antequera (1494-1497)*, Almería: Círculo Rojo, 2024.

Collantes de Terán, M. J.: *El régimen económico del matrimonio en el derecho canónico castellano*, Cádiz: Universidad de Cádiz, 1997.

Córdoba de la Llave, R.: «Las relaciones extraconyugales en la sociedad castellana bajomedieval», *Anuario de Estudios Medievales*, 16, 1986, pp. 571-620.

Derrar, A.; Bensahnoun, I.: «La mujer medieval en la península ibérica: una fuente de inspiración para las generaciones futuras», en F. Toro Ceballos, F. Vidal Castro (coords.), *Al-Ándalus y el mundo cristiano. Relaciones sociales y culturales, intercambios económicos y aspectos jurídico-institucionales: Homenaje a Francisco Javier Aguirre Sádaba*, Jaén: Ayuntamiento de Alcalá la Real, 2018, pp. 55-62.

Dillard, H.: *La mujer en la Reconquista*, Madrid: Nerea, 1993.

Dubler, C.: «Los defensores de Teodomiro (leyenda mozárabe)», *Études d'orientalisme dédiées a la mémoire de Lévi-Provençal*, París: Maisonneuve et Larose, 1962, pp. 111-124

Duby, G.: «Por una historia de las mujeres en Francia y en España. Conclusiones de un Coloquio», en G. Duby, *El amor en la Edad Media y otros ensayos*, Madrid: Alianza, 1990, pp. 104-110.

Escalante Jiménez, J.: *El puzle de la historia (Antequera como paradigma)*, Antequera: ExLibric, 2014.

Escalante Jiménez, J. y Fernández Paradas, M.: «Las historias de Antequera: una aproximación a los orígenes de la historiografía antequerana (siglos XVI-XVII)», *Baetica: Estudios de Historia Moderna y Contemporánea*, 25, 2003, pp. 683-696.

Escobar Camacho, J. M.; Nieto, M. y Padilla, J.: «Vida y presencia de la mujer en la Córdoba del siglo XIII», en C. Segura (ed.), *Las mujeres en las ciudades medievales: Actas de las III Jornadas de Investigación Interdisciplinaria*, Madrid: Universidad Autónoma de Madrid, 1984, pp. 125-141.

Espejo Lara, J. L.: «Antequera, una ciudad fronteriza con el reino de Granada. El registro del escribano Pedro Zamorano», *Revista de Estudios Antequeranos*, 21, 2018, pp. 87-168.

Fernández, J. M.: «Repartimientos y urbanización después de la conquista», *Revista Gibralfaro*, 1, 1951, pp. 11-22.

Fernández Paradas, M.: «Las respuestas generales del Catastro de Ensenada de Antequera (1753)», *Revista de Estudios Antequeranos*, 14, 2004, pp. 321-383.

Ferragud, C.: «La atención médica doméstica practicada por mujeres en la Valencia bajomedieval», *Dynamis: Acta hispanica ad medicinae scientiarumque historiam illustrandam*, 27, 2007, pp. 133-155.

Folguera, P. (coord.): *Nuevas perspectivas sobre la mujer: Actas de las I Jornadas de Investigación Interdisciplinaria*, Madrid: Universidad Autónoma de Madrid, 1982.

Fuente Pérez, M.ª J.: «Mujer, trabajo y familia en las ciudades castellanas de la Baja Edad Media», *En la España medieval*, 20, 1997, pp. 179-194.

Gámez Montalvo, M. F.: «Funciones de la mujer en la sociedad medieval andaluza», *Cuadernos de estudios medievales y ciencias y técnicas historiográficas*, 18-19, 1993-1994, pp. 59-71.

Ganso Pérez, A. I.: «Las parteras, un arte de mujeres para mujeres. Una investigación sobre el pasado», *Edad Media: revista de historia*, 18, 2017, pp. 327-330.

García Ballester, L.: *La búsqueda de la salud: sanadores y enfermos en la España medieval*, Barcelona: Península, 2001.

García Benítez, J.: «Privilegios, poder y conflictividad en la ciudad de Jaén. El señorío de Villardompardo en los albores de la modernidad», en F. Toro Ceballos (coord.), *Estudios de Frontera, 12: Monarquía y ciudades de frontera*, Jaén: Diputación de Jaén, 2023, pp. 153-163.

García Guzmán, M. M.: «Los conversos del señorío de Cazorla a fines de la Edad Media», *Estudios sobre patrimonio, cultura y ciencias medievales*, 13-14, 2011-2012, pp. 109-121.

García Herrero, M. C.: «Administrar del parto y recibir la criatura: aportación al estudio de obstetricia bajomedieval», *Aragón en la Edad Media*, 8, 1989, pp. 283-292.

García Herrero, M. C.: «'Et uxor mea'. Cómo evitar que las mujeres desaparezcan de la escritura de la Historia», en M. I. del Val Valdivieso *et alii* (coords.), *Protagonistas del pasado. Las mujeres desde la Prehistoria al siglo XX*, Valladolid: Castilla, 2009, pp. 157-174.

García Herrero, M.ª C. y Pérez Galán, C. (coords.): *Las mujeres de la Edad Media: actividades políticas, socioeconómicas y culturales*, Zaragoza: Institución «Fernando el Católico», 2014.

García Pardo, M.: «La mujer almeriense de finales del siglo XV y principios del XVI: breve reseña social», en *VII Estudios de Frontera: Islam y cristiandad. Siglos XII-XVI. Homenaje a María Jesús Viguera Molins*, Jaén: Diputación Provincial de Jaén, 2009, pp. 297-310.

García Ruiz, M. V.: *Las mujeres en la repoblación de Málaga*, Málaga: Diputación Provincial de Málaga, 2005.

García Sanjuán, A.: «La organización de los oficios en al-Ándalus a través de los manuales de hisba», *Historia. Instituciones. Documentos*, 24, 1997, pp. 201-234.

García de Santa María, A.: *Crónica de Juan II de Castilla*, Madrid: Real Academia de la Historia, 1982.

García de Yegros, A.: *Historia de la antigüedad y nobleza de la ciudad de Antequera*, 1609 (manuscrito). Copia corregida y modificada de 1713. Ed. impresa, 1915.

Gómez Díaz, R.: *Las Mondas de Talavera según las actas del ayuntamiento pleno (1450-1514)*, Toledo: Ayuntamiento de Talavera de la Reina, 2002.

González Jiménez, M. *et alii*: *El Libro Primero de Ordenanzas del Concejo de Córdoba: edición y estudio crítico*, Madrid: Sociedad Española de Estudios Medievales, 2016.

Green, M.: «Women's Medical Practice and Health Care in Medieval Europe», *Signs, Journal of Women in Culture and Society*, 14.2, 1989, pp. 434-474.

Gual Camarena, M.: *Vocabulario del comercio medieval*, http://www.um.es/lexico-comercio-medieval [Consulta: 14/01/2025].

Guichard, P.: *Al-Ándalus frente a la conquista cristiana: los musulmanes de Valencia (siglos XI-XIII)*, Valencia: Universitat de València, 2001.

Ibn Ḥayyān: *Crónica de los emires Alhakam I y Abdarrahman II entre los años 796 y 847 (Almuqtabis II-1)*, Zaragoza: Universidad de Zaragoza, 2001.

Ibn Qāsim al-Ḥaŷarī, A.: *El periplo de al-Ḥaŷarī: Kitāb nāṣir al-dīn ʿalā-l-qawm al-kāfirin*, Madrid: Diwan, 2019.

Kirschberg, D.: *Catálogo de los papeles del Mayordomazgo del siglo XV: IV (1443-1454)*, Sevilla: Ayuntamiento de Sevilla, 2011.

Lapeyre, H.: *Geografía de la España morisca*, Valencia: Diputación Provincial de Valencia, 1986.

León Vegas, M.: «Abstinencia sexual en tiempo de Cuaresma: la prostitución en Antequera a comienzos del siglo XVII», *Baetica: Estudios de Historia Moderna y Contemporánea*, 26, 2004, pp. 321-340.

López Beltrán, M.ª T. (coord.): *Estudios históricos y literarios sobre la mujer medieval*, Málaga: Diputación Provincial de Málaga, 1990.

López Beltrán, M.ª T.: «Hacia la marginalidad de las mujeres en el Reino de Granada (1487-1540)», *Trocadero: Revista de Historia Moderna y Contemporánea*, 6-7, 1994-1995, pp. 85-102.

López Beltrán, M.ª T.: «En los márgenes del matrimonio: transgresiones y estrategias de supervivencia en la sociedad bajomedieval castellana», *La familia en la Edad Media*, 2001, pp. 349-386.

López Beltrán, M.ª T.: *La prostitución en el Reino de Granada a finales de la Edad Media*, Málaga: CEDMA, 2003.

López Beltrán, M.ª T.: «Casados a "ley y bendición": las fisuras del requisito matrimonial en la repoblación del Reino de Granada», en C. Trillo San José (ed.), *Mujeres, familia y linaje en la Edad Media*, Granada: Universidad de Granada, 2004a, pp. 191-228.

López Beltrán, M.ª T.: «Repoblación y desorden sexual en el Reino de Granada en época de los Reyes Católicos», en M. Barrios Aguilera y Á. Galán Sánchez (coords.), *La historia del reino de Granada a debate: viejos y nuevos temas, perspectivas de estudio*, Málaga: CEDMA, 2004b, pp. 503-534.

López Beltrán, M.ª T.: «Mujeres solas en la sociedad de frontera del reino de Granada: viudas y viudas virtuales», *Clío & Crimen: Revista del Centro de Historia del Crimen de Durango. Ejemplar dedicado a: La violencia de género en la Edad Media*, 5, 2008, pp. 94-105.

López Beltrán, M.ª T.: «Familia, mujeres y repoblación en el Reino de Granada», en M. I. del Val Valdivieso y J. F. Jiménez Alcázar (coords.), *Las mujeres en la Edad Media*, Murcia: Editum, 2013, pp. 115-144.

López Beltrán, M.ª T.: «Las mujeres en las repoblaciones medievales del siglo XV», en L. Saletti Cuesta (coord.), *Traslaciones en los estudios feministas*, Málaga: Universidad de Málaga, 2015, pp. 110-135.

López Díaz, M. I.: «Arras y dote en España: resumen histórico», en P. Folguera (coord.), *Nuevas perspectivas sobre la mujer: Actas de las I Jornadas de Investigación Interdisciplinaria*, Madrid: Universidad Autónoma de Madrid, 1982, pp. 83-98.

López Ojeda, E. (coord.): *Las mujeres en la Edad Media*, Logroño: Instituto de Estudios Riojanos, 2021.

Lorenzo Pinar, F. J.: «El Tribunal Diocesano y los matrimonios "de presente" y clandestinos en Zamora durante el siglo XVI», *Studia Zamorensia*, 2, 1995, pp. 49-61.

Madero, M.: «Causa, creencia y testimonios. La prueba judicial en Castilla durante el siglo XIII», *Bulletin du Centre d'études médiévales d'Auxerre, BUCEMA* [*online*], Hors-série n.º 2, 2008, https://doi.org/10.4000/cem.9672 [Consulta: 25/06/2024].

Manzano Moreno, E.: «Las fuentes árabes sobre la conquista de al-Ándalus: una nueva interpretación», *Hispania,* 202, 1999, pp. 389-432.

Martínez López, D. y Martínez Martín, M.: «Las hilanderas de Montefrío. Una visión del trabajo femenino en la Alta-Andalucía (1826-1851)», *VII Congreso AEHE 2001. Sesión 10. Mujeres y hombres en los mercados de trabajo.* https://www.aehe.es/vii-congreso-aehe-2001/ [Última consulta: 30/05/2022].

Martínez Martínez, M.ª: «Fuentes escritas para la historia de las mujeres: algunos ejemplos documentados en la Murcia bajomedieval», *Contrastes: Revista de Historia Moderna*, 11, 1998-2000, pp. 81-110.

Martínez Martínez, M.ª: *Las mujeres en la organización de una sociedad de frontera*, Murcia: Universidad de Murcia, 2000.

Mendoza Garrido, J. M.: «Mujeres adúlteras en la Castilla medieval: delincuentes y víctimas», *Clío & Crimen: Revista del*

Centro de Historia del Crimen de Durango. Ejemplar dedicado a: La violencia de género en la Edad Media, 5, 2008, pp. 151-186.

Millán de Silva, P.: «La mujer y los oficios públicos penales: dos ejemplos en las alcaidías de las cárceles de San Sebastián y Pamplona en el siglo XVIII», en H. Gallego Franco y M. C. García Herrero (eds. lits.), *Autoridad, poder e influencia: mujeres que hacen historia,* Barcelona: Icaria, 2017, vol. 2, pp. 215-228.

Miura Andrades, J. M.: «Algunas notas sobre las beatas andaluzas», en Á. Muñoz Fernández (coord.), *Las mujeres en el cristianismo medieval: imágenes teóricas y cauces de actuación religiosa,* Madrid: al-Mudayna, 1989, pp. 289-302.

Moreno López, J. L.: *La ciudad de Antequera en los albores de la Edad Moderna: un estudio sobre los elementos urbanísticos antequeranos entre 1494 y 1530,* Antequera: [s. n.], 1996.

Las mujeres en la historia de Andalucía: Actas de II Congreso de Historia de Andalucía, Córdoba: Junta de Andalucía, 1994.

Muñoz Fernández, A. y Segura Graíño, C. (eds.): *El trabajo de las mujeres en la Edad Media hispana,* Madrid: Asociación Cultural Al-Mudayna, 1988.

Muñoz Páez, A.: *Sabias: la cara oculta de la ciencia,* Barcelona: Debate, 2017.

Osuna Rodríguez, M. I.: «Fernández de Alarcón, Cristobalina», en D. Gavela García (coord.), *Diccionario filológico de literatura española (siglo XVII),* vol. 1, 2010, pp. 483-485.

Padilla, J. y Escobar Camacho, J. M.: «La mujer cordobesa en el trabajo a fines del siglo XV», en C. Segura (ed.), *Las mujeres en las ciudades medievales: Actas de las III Jornadas de Investigación Interdisciplinaria,* Madrid: UAM, 1984, pp. 153-160.

Parejo Barranco, A.: *Historia de Antequera,* Antequera: Ayuntamiento de Antequera, 1987.

Parejo Barranco, A.: *Industria dispersa e industrialización en Andalucía: el textil antequerano, 1750-1900*, Málaga: Universidad de Málaga, 1987.

Pastor, R.: «Para una historia social de la mujer hispano-medieval: problemática y puntos de vista», en *La condición de la mujer en la Edad Media: actas del coloquio celebrado en la Casa de Velázquez, del 5 al 7 de noviembre de 1984*, Madrid: Universidad Complutense de Madrid, 1986, pp. 187-214.

Pastor, R.: «Textos para la historia de las mujeres en la Edad Media», en A. M.ª Aguado (coord.), *Textos para la historia de las mujeres en España*, Madrid: Cátedra, 1994, pp. 125-223.

Pérez Gallego, M.: *Antequera a fines del siglo XV*, Málaga: Algazara, 1992.

Pérez González, S. M.ª: *La mujer en la Sevilla de finales de la Edad Media: solteras, casadas y vírgenes consagradas,* Sevilla: Universidad de Sevilla, 2005.

Pérez González, S. M.ª: «Emparedadas, beatas y honestas en el reino de Sevilla a fines de la Edad Media», en M. García Fernández (coord.), *En la Europa medieval: mujeres con historia, mujeres de leyenda: siglos XIII-XVI*, Granada: Universidad de Granada, 2019, pp. 323-339.

Pulgar, H. del: *Crónica de los señores Reyes Católicos,* Valencia, 1780.

Quesada Morillas, Y.: «La expulsión de los judíos andaluces a finales del siglo XV y su prohibición de pase a Indias», en F. J. García Castaño y N. Kressova Iordanishvili (coords.), *Actas del I Congreso Internacional sobre Migraciones en Andalucía*, Granada: UGR, 2011, pp. 2099-2106.

Rábade Obradó, M. P.: «La mujer trabajadora en los ordenamientos de Cortes, 1258-1505», en A. Muñoz Fernández y

C. Segura Graíño (eds.), *El trabajo de las mujeres en la Edad Media hispana*, Madrid: Asociación Cultural Al-Mudayna, pp. 113-140.

Resa Moncayo, F. J.: «Realidad morisca en Antequera (1560-1585)», en A. Mestre Sanchis, P. Fernández Albaladejo y E. Giménez López (coords.), *Disidencias y exilios en la España moderna*, Alicante: Universidad de Alicante, 1997, vol. 2, pp. 423-434.

Rojas Gabriel, M.: *La frontera entre los reinos de Sevilla y Granada en el siglo XV (1390-1481): un ensayo sobre la violencia y sus manifestaciones*, Cádiz: Universidad de Cádiz, 1995.

Romero Pérez, M.: «Acilia Plecusa y el paisaje urbano de Singilia Barba», en A. Valmaña Ochaíta, M.ª J. Bravo Bosch y R. Rodríguez López (eds.), *Mujeres de la Hispania romana: una mirada al patrimonio*, Madrid: Dykinson, 2021, pp. 15-34.

Rubio García, L.: «Estampas murcianas del XV: vida licenciosa», *Miscelánea medieval murciana*, 9, 1982, pp. 223-238.

Sánchez Vicente, M.ª P.: *La condición jurídica de la mujer a través de las Partidas*, Oviedo: Universidad de Oviedo, 1985.

Santo Tomás Pérez, M.: «Las mujeres, protagonistas de la salud y la enfermedad», en R. Cid López (coord.), *Oficios y saberes de mujeres*, Valladolid: Universidad de Valladolid, 2002, pp. 39-82.

Segura Graíño, C.: «Participación de la mujer en la repoblación de Andalucía (siglos XIII y XV): ejemplo de una metodología», en P. Folguera (coord.), *Nuevas perspectivas sobre la mujer: Actas de las I Jornadas de Investigación Interdisciplinaria*, Madrid: Universidad Autónoma de Madrid, 1982, pp. 61-70.

Segura Graíño, C.: «Aproximación a la legislación medieval sobre la mujer andaluza: el Fuero de Úbeda», en *Las mujeres medievales y su ámbito jurídico: actas de las II Jornadas de Investigación Interdisciplinaria*, Madrid: Universidad Autónoma de Madrid, 1983, pp. 87-94.

Segura Graíño, C. (ed.): *Las mujeres en las ciudades medievales: Actas de las III Jornadas de Investigación Interdisciplinaria*, Madrid: Universidad Autónoma de Madrid, 1984a.

Segura Graíño, C.: «Las mujeres andaluzas en la Baja Edad Media (Ordenamientos y Ordenanzas municipales)», en C. Segura (ed.), *Las mujeres en las ciudades medievales: Actas de las III Jornadas de Investigación Interdisciplinaria*, Madrid: Universidad Autónoma de Madrid, 1984b, pp. 143-152.

Segura Graíño, C.: «Situación jurídica y realidad social de casadas y viudas en el Medievo hispano (Andalucía)», en *La condición de la mujer en la Edad Media: actas del coloquio celebrado en la Casa de Velázquez, del 5 al 7 de noviembre de 1984*, Madrid: Universidad Complutense de Madrid, 1986, pp. 121-134.

Segura Graíño, C.: «Mujeres en la repoblación de Almería», *Estudios Históricos y Literarios sobre la Mujer Medieval*, Málaga: Diputación Provincial de Málaga, 1990, pp. 95-103.

Segura Graíño, C.: «¿Son las mujeres un grupo marginado?», en M. D. Martínez San Pedro (coord.), *Los marginados en el mundo medieval y moderno*, Almería: Instituto de Estudios Almerienses, 2000, pp. 107-118.

Segura Graíño, C.: «Mujeres y medio ambiente en la Edad Media castellana», en R. Cid López (coord.), *Oficios y saberes de mujeres*, Valladolid: Universidad de Valladolid, 2002, pp. 159-188.

Segura Graíño, C.: «Veinticinco años de historia de las mujeres en España», *Memoria y Civilización*, 9, 2006, pp. 85-107.

Segura Graíño, C.: «Las mujeres medievales: perspectivas historiográficas», en M. I. del Val Valdivieso y J. F. Jiménez Alcázar (coords.), *Las mujeres en la Edad Media*, Murcia: Editum, 2013, pp. 33-54.

Segura Graíño, C.: «Las mujeres musulmanas de Almería tras la conquista de la ciudad por los Reyes Católicos», en F. Toro Ceballos y F. Vidal Castro (coords.), *Al-Ándalus y el mundo cristiano. Relaciones sociales y culturales, intercambios económicos y aspectos jurídico-institucionales: Homenaje a Francisco Javier Aguirre Sádaba*, Jaén: Ayuntamiento de Alcalá la Real, 2018a, pp. 353-362.

Segura Graíño, C.: «La realidad social de las mujeres en las tierras de la actual provincia de Almería tras la conquista cristiana», en J. García Benítez (ed.), *El valor del documento: estudios en homenaje al profesor José Rodríguez Molina*, Almería: Círculo Rojo, 2018b, pp. 109-124.

Solórzano Telechea, J. Á.; Arízaga Bolumburu, B. y Aguiar Andrade, A. (eds.): *Ser mujer en la ciudad medieval europea*, Logroño: Instituto de Estudios Riojanos, 2013.

Torres Díaz, Á.: «El arte de la asistencia al parto en Málaga, un oficio ejercido por parteras (1492-1648)», *Temperamentvm*, 24, 2016. Disponible en <http://www.index-f.com/temperamentum/tn24/t11128.php> [Consulta: 09/01/2025].

Torres Fontes, J.: «Murcia medieval. Testimonio documental III: La mujer», *Murgetana*, 54, 1978, pp. 51-86.

Torró, J.: *El naixement d'una colònia: dominaçió i resistència a la frontera valenciana (1238-1276)*, València: Universitat de València, 1999.

Trillo San José, C. (ed.), *Mujeres, familia y linaje en la Edad Media*. Granada: Universidad de Granada, 2004.

Val Valdivieso, M.ª I.: «La participación de las mujeres en el proceso de producción del pan en la Castilla bajomedieval», en R. Cid López (coord.), *Oficios y saberes de mujeres*, Valladolid: Universidad de Valladolid, 2002, pp. 83-110.

Val Valdivieso, M.ª I.: «Los espacios del trabajo femenino en la Castilla del siglo XV», *Studia Historica. Historia Medieval*, 26, 2008, pp. 63-90.

Val Valdivieso, M.ª I.: «La acusación de adulterio como forma de ejercer violencia contra las mujeres en la Castilla del siglo XV», *Estudios de Historia de España*, 12.1, 2010, pp. 161-184.

Val Valdivieso, M.ª I.: «Los estudios sobre las mujeres medievales hoy», en E. López Ojeda (coord.), *Las mujeres en la Edad Media*, Logroño: Instituto de Estudios Riojanos, 2021, pp. 19-52.

Val Valdivieso, M.ª I. y Jiménez Alcázar, J. F. (coords.): *Las mujeres en la Edad Media*, Murcia: Sociedad Española de Estudios Medievales: Editum, 2013.

Val Valdivieso, M.ª I. *et alii* (eds.): *La historia de las mujeres: Una revisión historiográfica*, Valladolid: Universidad de Valladolid, 2004.

Viguera Molins, M.ª J.: «El ejército», *El reino nazarí de Granada (1232-1492). Política, instituciones, espacio y economía*. (Coord. M.ª J. Viguera Molins: *Historia de España de Menéndez Pidal, VIII-III*). (Dir. J. M.ª Jover Zamora). Madrid: Espasa-Calpe, 2000, pp. 431-475.

Woolf, V.: *Una habitación propia*, Barcelona: Seix Barral, 2019.

Índice